MODA E HISTÓRIA
AS INDUMENTÁRIAS DAS **MULHERES DE FÉ**

MODA E HISTÓRIA
AS INDUMENTÁRIAS DAS **MULHERES DE FÉ**

RAUL LODY | FOTOGRAFIAS DE PIERRE FATUMBI VERGER

EDITORA SENAC SÃO PAULO — SÃO PAULO — 2015

ADMINISTRAÇÃO REGIONAL DO SENAC NO ESTADO DE SÃO PAULO

Presidente do Conselho Regional: Abram Szajman
Diretor do Departamento Regional: Luiz Francisco de A. Salgado
Superintendente Universitário e de Desenvolvimento: Luiz Carlos Dourado

EDITORA SENAC SÃO PAULO

Conselho Editorial: Luiz Francisco de A. Salgado
 Luiz Carlos Dourado
 Darcio Sayad Maia
 Lucila Mara Sbrana Sciotti
 Jeane dos Reis Passos

Gerente/Publisher: Jeane dos Reis Passos (jpassos@sp.senac.br)
Coordenação Editorial: Márcia Cavalheiro R. de Almeida (mcavalhe@sp.senac.br)
Comercial: Marcelo Nogueira da Silva (marcelo.nsilva@sp.senac.br)
Administrativo: Luis Américo Tousi Botelho (luis.tbotelho@sp.senac.br)

Edição de Texto: Adalberto Luís de Oliveira
Preparação de Texto: Ana Maria Fiorini
Apoio à Pesquisa: Jorge Sabino
Revisão de Texto: Luiza Elena Luchini (coord.), Mariana B. Garcia e Bianca Rocha
Fotografias: Pierre Fatumbi Verger
Projeto Gráfico e Capa: Antonio Carlos De Angelis
Impressão e Acabamento: Finaliza Editora e Indústria Gráfica Ltda.

Proibida a reprodução sem autorização expressa.
Todos os direitos desta edição reservados à:
EDITORA SENAC SÃO PAULO
Rua 24 de Maio, 208 – 3º andar – Centro – CEP 01041-000
Caixa Postal 1120 – CEP 01032-970 – São Paulo – SP
Tel. (11) 2187-4450 – Fax (11) 2187-4486
E-mail: editora@sp.senac.br
Home page: http://www.editorasenacsp.com.br

© Editora Senac São Paulo, 2015

Dados Internacionais de Catalogação na Publicação (CIP)
(Jeane dos Reis Passos – CRB 8ª/6189)

Lody, Raul
Moda e história: as indumentárias das mulheres de fé / Raul Lody; fotografias de Pierre Fatumbi Verger. – São Paulo : Editora Senac São Paulo, 2015.

Bibliografia
ISBN 978-85-396-0889-8

1. Indumentária feminina : Religião 2. Mulher de matriz africana 3. Religião de matriz africana 4. Matriz cultural africana : cultura brasileira I. Verger, Pierre. II. Título

	CDD-390.088
	391.2
	299.67
	BISAC SOC039000
	SOC005000
	SOC001000
15-333s	REL000000

Índices para catálogo sistemático:

1. Matriz cultural africana : Indumentária feminina : Religião   390.088
2. Indumentária feminina : Religião de matriz africana   391.2
3. Religião : Matriz cultural africana : Indumentária feminina   299.67

SUMÁRIO

7	Nota do editor
8	Prefácio – *Carmen Oliveira da Silva*
11	Dedicatória
13	Ìyá Nlá: o papel civilizador da mulher de matriz africana
15	A matriz africana
17	As muitas Áfricas e o Brasil
19	Beleza e identidade afrodescendente: o corpo e o sagrado
23	Mulheres de ganho: mulheres de gamela, caixa e tabuleiro
27	A consagração da indumentária da baiana
33	Pano da costa
37	Joias e memórias da mulher afrodescendente
47	Festa do Bonfim
51	Devoção e culto a Nossa Senhora da Boa Morte na cidade de Nossa Senhora do Rosário do Porto da Cachoeira
59	Fotografias de Pierre Fatumbi Verger
121	Bibliografia

NOTA DO EDITOR Proposta delicada, poética, mas nem por isso menos política, este livro de Raul Lody amplia o nosso olhar sobre a história do africano, parte substancial da história do nosso próprio país. Infelizmente foi no contexto da escravidão que africanos de diferentes "povos" vieram para o Brasil durante a colonização portuguesa e para cá trouxeram seus saberes tradicionais, como sua forma de trabalhar a madeira, os tecidos, a prata e o ferro, de trançar fibras naturais e de criar indumentárias de uma riqueza à altura de sua própria realeza.

Essas indumentárias, presentes tanto no cotidiano como nas festas, expressam, como diz o autor, não só religiosidade, uma vez que cada elemento visual é carregado de sentido, mas desempenham a função de pertencimento a uma tradição, o que equivale dizer que são a expressão de uma "experiência patrimonial verdadeira".

As fotografias de Pierre Verger – fotógrafo, antropólogo e pesquisador francês radicado na Bahia – ressaltam todos esses elementos e dão vida a esse patrimônio, revelando a tradição das mulheres que mantêm, na criação de suas indumentárias, sua própria história. Lançamento do Senac São Paulo, *Moda e história: as indumentárias das mulheres de fé* amplia nosso olhar e, por meio do olhar estético de Verger, nos faz enxergar um pouco mais de nós mesmos.

[PREFÁCIO] **A BELEZA DAS NOSSAS ROUPAS E JOIAS** Quando conheci o livro *Moda e história: as indumentárias das mulheres de fé*, de Raul Lody, veio a minha memória as festas do Bonfim; de 2 de Fevereiro; da Conceição da Praia, que aqui na Bahia nós chamamos de "festas de Largo"; e também as festas do Ilé Ìyá Omi Àse Ìyámasé, o Gantois.

As roupas das festas são especiais e muito bem cuidadas. Segundo a nossa tradição, estar bem vestida é um ato de fé. É assim que as pessoas conhecem o candomblé da Bahia, com as mulheres bem vestidas, bem adornadas com suas joias de missangas, contas de louça, bolas de prata e de ouro, e seus panos da costa.

Aqui no Gantois, são famosos até hoje os panos da costa, também conhecidos como panos de alaká, feitos em tear manual pelo mestre tecelão Alexandre. Alguns dos panos que usamos foram tecidos há mais de cem anos. Temos muito orgulho desses tecidos que acompanharam grandes lideranças femininas do Gantois, como a minha mãe de sangue, Mãe Menininha, que, com muita sabedoria, ensinou o respeito às nossas tradições iorubá.

Os textos de Raul Lody falam das festas, da Irmandade da Boa Morte e das baianas de tabuleiro e são enriquecidos com as fotografias de Pierre Verger, fotógrafo francês que se encantou pela Bahia e que concretiza uma obra que mostra os contatos históricos entre a Bahia e a África.

O encantamento de Verger foi tão grande que ele se dedicou a viajar entre Benim e Salvador, aproximando as tradições da cultura dos orixás. Verger é também "feito" (iniciado) como babalaô, quando passa a se chamar Fatumbi.

O livro de Raul Lody é um reencontro com as minhas lembranças pessoais como iyalorixá do Gantois e como mulher baiana que vê e convive com essas festas, com essas tradições religiosas africanas e afro-católicas.

Moda e história: as indumentárias das mulheres de fé é um livro e é também um documento que mostra e valoriza o papel da mulher nas tradições de matriz africana, nos terreiros, nas festas e no ofício de fazer e vender quitutes nos tabuleiros.

Este livro afirma o compromisso de mostrar e valorizar as nossas raízes culturais e a importância dos povos africanos no Brasil. Porque a Bahia tem a maior população afrodescendente do país e, por isso, conserva um rico patrimônio africano.

Tudo isso se une ao reconhecimento da história vivida nos terreiros, e fez com que o Estado Nacional concedesse ao Gantois o título de Patrimônio Nacional, formalizado pelo Instituto do Patrimônio Histórico e Artístico (IPHAN), o que confirma o papel social do terreiro na preservação e na transmissão das muitas formas de se experimentar os costumes africanos por meio das músicas, das danças, das comidas, das histórias, das roupas e da cultura dos orixás.

Além de ter a alegria de escrever o prefácio deste livro, quero louvar este trabalho de registro e de valorização das nossas tradições, das maneiras que nós representamos a beleza, que revela esse acervo que só a Bahia tem.

Para as mulheres de fé, guerreiras, perseverantes do axé, do trabalho, da beleza das suas roupas, as minhas homenagens.

CARMEN OLIVEIRA DA SILVA
Iyalorixá do Gantois

DEDICATÓRIA As indumentárias estão no cotidiano, nas festas e na religiosidade e se tornam reais no uso, no desempenho dos seus significados, pois cada elemento visual tem um sentido, uma função que é pertencimento a uma tradição, e isso é uma experiência patrimonial verdadeira.

Assim, no fim da década de 1970, encharquei-me da linda cidade de Nossa Senhora do Rosário do Porto da Cachoeira, na Bahia, e lá conheci mulheres-rainhas que marcaram para sempre a minha vida. A essas mulheres quero dedicar este livro, em especial a Stelita e Anália, duas guerreiras da vida, sábias, serenas, bonitas, inteiras, minhas homenagens com muito carinho e respeito.

ÌYÁ NLÁ: O PAPEL CIVILIZADOR DA MULHER DE MATRIZ AFRICANA Trago um olhar ampliado dos muitos aspectos de vida cultural, trabalho e, principalmente, do lugar social da mulher de matriz africana na construção e na formação das identidades dos brasileiros.

Sem dúvida, está na mulher africana e em suas descendentes no Brasil uma base civilizadora na construção de costumes que trazem memórias arcaicas e ancestrais, e outras que são reveladoras da diáspora de tantas culturas, etnias e de povos do continente africano.

Assim se experimentam novas relações com a tradição, a religiosidade, os ofícios e a comida, a estética e as maneiras de manifestar pertencimento a uma história e a um território.

No caso brasileiro, a mulher de matriz africana guarda e dá continuidade às tradições e às maneiras de expressar identidade, e salvaguarda os patrimônios que estão nos idiomas, nas receitas de comidas, nas maneiras de vestir e de usar objetos, nas músicas, nas danças, numa busca estética que é uma atestação de africanidade e, ao mesmo tempo, de criação brasileira.

Tudo se dá no espaço da resistência, da busca permanente pela ocupação e pelo alcance dos direitos para a conquista do lugar da mulher e dos seus múltiplos papéis sociais, econômicos e civilizadores.

Merece destaque a defesa e a manutenção das formas de identidade nos contextos perversos da escravidão e dos preconceitos que estão presentes no nosso cotidiano.

Nesses cenários sociais, a função e os significados estéticos apoiam o entendimento e a afirmação de gênero e marcam o papel fundamental da mulher de ser mãe, em especial para os iorubás, cultura tão presente na formação do brasileiro.

Assim, a mulher é interpretada como *ìyá nlá* – grande mulher, grande mãe. Tudo se dá nas manifestações das tradições: contos, oralidade, músicas.

Nesse contexto, a mulher que é mãe de gêmeos torna-se especial por afirmar esse lugar notável da mulher na sua condição de fertilidade, num verdadeiro matriarcado.

O imaginário afrodescendente aponta uma estética que é simbólica e reveladora das muitas maneiras de se reconhecer a mulher no desempenho das suas funções na família, nos ofícios, nas festas e nas diferentes expressões de religiosidade. As indumentárias, a joalheria e os demais símbolos corporais identificam e revelam essas mulheres de fé, aqui representadas nas manifestações sociorreligiosas dos tabuleiros de comidas que integram festas populares como a do Bonfim e a da Irmandade de Nossa Senhora da Boa Morte, em Cachoeira.

Neste olhar ampliado sobre a estética de matriz africana, e de suas interpretações afrodescendentes, as fotografias de Pierre Fatumbi Verger, todas da Bahia, revelam a tradição e a invenção das indumentárias nessas mulheres de fé, verdadeiras mantenedoras das suas histórias.

A MATRIZ AFRICANA Vigora no imaginário geral uma África que é apenas um lugar de elefantes e leões. Africanos emplumados, com escudos de pele e lanças, em permanente estado de "alegria", percutem tambores e realizam danças marcadamente sensuais. É um olhar sobre uma África tribal, selvagem. Esse olhar é a base de muitos preconceitos.

O continente africano é visto como restrito e simplificado por uma compreensão exclusiva da escravidão. O olhar que permanece, assim, é o olhar congelado do século XIX, com o fenômeno da abolição.

Apesar de todos os movimentos sociais, continua a vigorar uma história "oficial" de heróis europeus. É preciso que se ampliem as fontes sobre a história africana para que o africano seja o seu protagonista.

No Brasil, os encontros dos povos africanos acontecem num mesmo contexto colonial português a partir da escravidão.

Esse cenário marca os processos sociais e econômicos do açúcar, do ouro, do algodão; dos diferentes e muitos ofícios de entalhar madeira, de fiar e de tecer panos; de trabalhar a prata, o ferro; de trançar fibras naturais; e de realizar outros saberes tradicionais dos muitos e diferentes africanos no Brasil.

A África é um continente extenso, delimitado por oceanos e mares. É também integrado ao Oriente Próximo pelo istmo do Sinai. Ao norte, encontra o mar Mediterrâneo. Abriga a cordilheira do Atlas, florestas tropicais, grandes rios e bacias hidrográficas; os desertos do Saara, do Kalahari e da Namíbia; e o tão famoso cabo da Boa Esperança. Porém há muito, muito mais referências geográficas, arqueológicas, biológicas e, principalmente, históricas.

A África na sua diversidade é uma grande desconhecida para os brasileiros, mesmo sendo o Brasil o país no mundo com a maior afrodescendência.

Certamente vivemos diferentes "Áfricas" no nosso cotidiano. Elas estão no português que falamos, nas comidas que fazemos e comemos, na religiosidade, na estética, entre tantas e muitas conexões que nós brasileiros realizamos com essas tantas "Áfricas".

Contudo, o pensamento generalista sobre a África ainda é alimentado pela mídia que enfatiza esse continente como um lugar onde só há fome, embates étnicos e que é "muito bom para fazer safári".

Porém, há movimentos sociais que buscam as singularidades, as diferenças e as identidades das muitas culturas africanas.

Com as novas tecnologias, ampliam-se os registros, os documentos e as memórias salvaguardadas de patrimônios preservados por serem fundamentais para o entendimento desse continente e para a história do mundo.

Tudo isso aponta para uma busca dos países da diáspora, como o Brasil, que cada vez mais quer uma aproximação e um reconhecimento das suas matrizes africanas.

É uma busca memorial e de referências de comunidades, famílias, segmentos religiosos, artesãos, culinaristas, pessoas que querem se reconhecer pertencendo a uma história africana.

Vivem-se no Brasil muitas manifestações, festas, práticas religiosas, técnicas artesanais, comidas, músicas, danças, autos, escolhas estéticas, penteados, indumentárias, cores, adornos corporais, vocabulários, lendas, contos e mitos que o aproximam das suas muitas matrizes africanas.

AS MUITAS ÁFRICAS E O BRASIL A quantidade de africanos que vieram para o Brasil é um assunto em permanente discussão.

O Brasil foi o maior importador de escravos das Américas. Estima-se em quase 10 milhões o número de africanos que foram arrancados de suas terras e de suas famílias, no período que vai do século XV ao XIX. Provavelmente para o Brasil vieram em torno de 6 milhões de africanos em condição escrava.

Da Guiné, do Sudão, do Congo, de Angola e da região de Moçambique, na costa oriental, chegaram homens, mulheres e crianças de diferentes grupos étnicos e culturais.

Grandes "costas" acompanham o Atlântico: costa da Guiné, costa dos Escravos, costa da Malagueta, costa dos Grãos, Costa do Marfim, costa do Ouro.

As rotas tocavam inicialmente na então Senegâmbia ou na Alta Guiné, localizadas na costa ocidental do continente, chegando aos povos fula, jalofo, serere. Também na área do golfo da Guiné estavam os povos axânti, bijagó, cassange, mandinga.

Continuam as rotas pela Baixa Guiné, nos séculos XVII e XVIII, na área do golfo do Benim, chegando até Aladá, Oió, Daomé e Benim; e pela área centro-ocidental, localizada na África centro-atlântica ou austral, no Congo, com os povos malembo e andongo, e em Angola, com os povos luba, lunda, cazembe, matamba, cassange.

Na costa oriental do continente africano, as rotas alcançam o vale do Zambeze, chegando aos povos cazembe, lozi, niamieziz; e ao sul do território de Moçambique, especialmente com o povo nguni, no século XIX.

Já existia escravidão na África antes da chegada dos portugueses, porém, com características específicas. Os cativos eram prisioneiros de guerra que, de diferentes maneiras, se incorporavam ao grupo que os capturava. Mas a escravidão imposta pelos europeus foi diferente e diversa. Ela passa a marcar um importante setor do tráfico mercantil, sendo um dos mais rentáveis negócios do comércio colonial: o comércio de seres humanos.

Essa força de trabalho, em condição escrava, no Brasil, chegava para o eito, para produzir açúcar, algodão, fumo e café, e para a mineração de metais preciosos, como o ouro. Os escravos eram empregados nos ofícios de fabricação de açúcar, carpintaria, olaria, sapataria, ferraria e nos trabalhos com outros metais, como o ferro, o ouro e a prata.

Também se amplia uma presença tecnológica e artística do africano no Brasil, construindo igrejas, alfaias e notabilizando o barroco tropical como um conjunto de soluções estéticas próprias, nacionalmente peculiares. Os objetos para adornar o corpo – joias –, utensílios diversos com expressiva fala iconográfica, já formavam um gosto e/ou padrão africano incorporado ao ideário e ao imaginário brasileiros.

Nos trabalhos caseiros, os escravos serviam para tudo e executavam qualquer serviço. Transportavam pessoas, mercadorias e água, além de servir sexualmente aos seus senhores.

Sempre foi marcado um território ideológico para a construção das "Áfricas" no Brasil conforme o momento histórico e as necessidades de retomar matrizes, identidades e formas de reconhecimento e valorização do indivíduo e dos grupos. Esses indivíduos trazidos da África, muitas vezes, recriaram e reinventaram essa África no Brasil.

BELEZA E IDENTIDADE AFRODESCENDENTE: O CORPO E O SAGRADO Entre os povos do mundo, nos seus diferentes momentos históricos, sociais e econômicos, o conceito de beleza relaciona-se com motivos, temas e interpretações muito particulares.

São maneiras próprias de entender e de simbolizar o mundo próximo, a natureza, os mitos, os deuses, a descoberta de tecnologias. Assim ocorre também no encontro de soluções estéticas.

Por meio de linguagens sensíveis, a beleza é um relato de trajetórias humanas, que traz memórias e constrói de forma dinâmica o que se chama de identidade.

Existem inúmeros conceitos de beleza. No entanto, todos são tradutores das culturas e dos desejos criativos do homem.

Falar de beleza e identidade tendo por base a África, um continente diverso que reúne centenas de culturas e de línguas faladas por milhões de pessoas, é falar também de diferentes maneiras de interpretar o mundo.

A presença de africanos no Brasil se dá a partir da presença do colono oficial português, que já era profundamente africanizado pelo Magrebe, já que por mais de oito séculos a península Ibérica – Portugal e Espanha – foi dominada e também civilizada por sofisticados sistemas culturais e sociais afro-muçulmanos. Esses sistemas orientaram as estéticas do morar, do vestir; da valorização dos jardins, dos pomares, das áreas verdes; além das muitas descobertas nas ciências, na navegação, na astronomia; nas tecnologias de trabalhar a pedra, a madeira, os metais; e especialmente na ourivesaria, com a filigrana, entre outras formas de marcar estilos e estéticas.

O Brasil, pode-se dizer, é um país biafricanizado: inicialmente com a chegada do homem português africanizado, e, em seguida, com o contato direto com regiões do continente africano. Tantas culturas africanas se relacionaram e, assim, estabeleceram processos interafricanos de trocas e de convivências multiculturais, gerando um rico e dinâmico elenco de identidades.

As identidades culturais africanas são construídas, e muitas vezes justificadas, em bases sagradas. Inicialmente o poder e a sabedoria tradicionais nascem dos deuses, dos mitos fundadores, dos ancestrais que regulam, organizam e estabelecem lugares sociais de homens e mulheres, velhos e crianças.

No Brasil, em contexto afrodescendente, destaco a civilização iorubá, da África Ocidental (Benim, Nigéria), fundada em sociedades religiosas e secretas, como ogboni, elecó, egungun, gueledé, que definem princípios éticos e morais mantidos na mitologia dos orixás e dos eguns – ancestrais.

Assim, elementos visuais e sonoros e comidas encontram soluções estéticas e funcionais naquilo que é sagrado, definindo pactos entre o homem e seus deuses.

Para os iorubás, os orixás criadores do homem e do mundo, orixás *fun-fun*, que vestem branco; os ancestrais masculinos eguns; os ancestrais femininos iás, representados nas gueledés; o culto dos gêmeos Ibejis; as mães que vieram das águas – Nanã, Iemanjá, Oxum; o poder real na figura do orixá Xangô; o caçador-provedor Odé; e o artesão Ogum, que ensinou a trabalhar o ferro e construiu ferramentas agrícolas e armas, são determinantes nas escolhas estéticas que formam o imaginário afrodescendente.

A principal identificação dos iorubás está no rosto, que tem três lanhos paralelos em cada face, escarificações que lembram a marca da pantera, a marca *banjá*, pois os que descendem desse povo são os filhos da pantera.

Esse elemento estético e simbólico, as escarificações, é lembrado na diáspora, no caso brasileiro, com as pinturas corporais na iniciação religiosa do candomblé, quando o *iaô* – noviço –, por meio do *efum*, pigmento natural branco, recebe as mesmas marcas no rosto, tornando-se também filho da pantera.

A estética iorubá está também na cabeça de mulheres e homens com as tão conhecidas *trancinhas nagô*, nos adornos corporais, nas chamadas joias étnicas, na profusão multicolorida dos panos para as roupas, nos turbantes, nos acessórios de couro e de fibras naturais, entre outros.

Sem dúvida, o amplo conceito de estética afrodescendente recorre ao sagrado como um processo de pertencimento, de criação e de reinvenção, conforme a necessidade do uso e da representação social.

Trago nesse contexto das estéticas afrodescendentes um caso exemplar, que é o da *roupa da baiana*. Essa indumentária traz também fortes marcas muçulmanas, como a bata, peça larga de pano; o turbante; as chinelas de couro com ponta virada para cima – à mourisca; além de uma evidente permanência do barroco, que revive a estética do século XVIII, com o uso das amplas e arredondadas saias e anáguas e os bordados em *richelieu*. Ainda, traz a África Ocidental simbolizada com o pano da costa, feito em tear artesanal, procedente da costa africana, de onde vem o nome.

Há muitos outros produtos com a identificação "da costa": búzio da costa, palha da costa, sabão da costa, pimenta da costa, marcando um lugar na região do golfo do Benim.

Assim, essas realizações estéticas estão no corpo, nos objetos, na dança, na história contada oralmente, no vestir, nos sons cantados ou executados pelos instrumentos musicais, nas casas, nos templos e nas demais expressões que unem o homem a seus repertórios simbólicos.

Outro exemplo marcante entre o corpo e o sagrado está na comida, um dos mais importantes elos entre a pessoa e sua cultura, entre a pessoa e sua identidade.

Azeite de dendê, pimentas, quiabo, entre muitos outros sabores, fazem os nossos gostos e as nossas escolhas, formando os nossos paladares de brasileiros, construindo uma verdadeira estética da alimentação.

Os pratos assumem estéticas próprias nas maneiras de servir, nos acompanhamentos, por exemplo, pirões, farofas e molhos de pimenta; nas escolhas dos utensílios, como objetos de barro, de madeira e de louça, entre outros.

Por exemplo, o *amalá*, comida sagrada do orixá Xangô, é um prato de quiabos cortados em rodelas e refogados com azeite de dendê, cebolas, camarões defumados e pimentas, colocados sobre um pirão de inhame, acompanhado com acaçá – bolo de milho branco cozido em folhas de bananeira. É servido numa gamela redonda de madeira, assumindo uma estética própria na qual se reconhece o prato.

Na estética das comidas, há um encontro inicial com a imagem formal de como é oferecido o alimento. Sabe-se que inicialmente se come com os olhos e só depois com a boca e com todo o corpo para, então, atingir o espírito.

Os conceitos de beleza e de estética estão profundamente relacionados aos conceitos de pertencimento. Portar, usar, exibir, apropriar-se do belo, é viver e transmitir esse belo. Certamente está no corpo o melhor espaço de realização e de comunicação desse amplo e rico conjunto de manifestações de povos africanos.

As escolhas de cores, de materiais e de objetos constituem-se em textos visuais, sonoros e plásticos que têm significados e sentidos para uma sociedade, uma etnia ou um grupo cultural que assume sua identidade; e é justamente com base nessas diferenças que se distinguem os mais importantes sinais da pessoa e de sua história.

> A MULATA É DE OURO?
> É OURO SÓ
> AS CADEIRAS DELA
> É OURO SÓ.
>
> *Poesia popular da Bahia*

MULHERES DE GANHO: MULHERES DE GAMELA, CAIXA E TABULEIRO A *baiana* é um tipo social e cultural que marca a vida de algumas capitais e projeta na sua indumentária um comportamento ético de oferecimento de comida – uma marca que a identifica como uma quase síntese do que é afro – e também de um sentimento sagrado próximo, convivente e integrado às cidades.

Componentes de paisagens das cidades, especialmente Salvador, Rio de Janeiro e Recife, são personagens urbanos, mulheres trabalhadoras, verdadeiras mantenedoras de famílias, geralmente vinculadas aos terreiros; são continuadoras dos ganhos, das vendas nas ruas e praças. São as vendedeiras, quituteiras, baianas de tabuleiro, baianas de rua, baianas do acarajé ou simplesmente baianas.

Essa atividade econômica do ganho, de certa forma, é uma continuidade daquilo que faziam os africanos em condição escrava nas cidades.

No século XIX, os ganhos na cidade de Salvador estavam localizados por grupos étnicos: nos Arcos de Santa Bárbara, concentravam-se os guruncis, gruncis ou os negros galinhas; nas imediações do Hotel das Nações estavam os hauças – negros muçulmanos –, que eram famosos por suas lutas pela liberdade e também pela cultura fundada no Alcorão. Os nagôs estavam na Ajuda, na Piedade, na Ladeira de São Bento e no Campo Grande; também aí estavam os jejes, procedentes dos grupos fon-ewe.

> [...] TIAS DA COSTA NAQUELES RECUADOS TEMPOS, PREPARANDO A IGUARIA [...]. ABERÉM ERA COMIDA FEITA COM VÁRIAS DESTINAÇÕES. ABERÉM PODIA ACOMPANHAR CARURU, BADOFE E VATAPÁ. NÃO OBSTANTE SER DE MILHO BRANCO, OU VERMELHO, DEIXA-SE DE MOLHO, RALA-SE NA PEDRA ATÉ FICAR COMO PASTA. O TEMPERO É SIMPLES. SE FOR DE MILHO BRANCO, NÃO LEVA NADA, NEM MESMO SAL. SE FOR VERMELHO, LEVA AÇÚCAR A BOM PALADAR. DEPOIS DE BATIDA, A MASSA É EMBRULHADA, COMO SE FOSSE BOLA, NAS FOLHAS SECAS DA BANANEIRA [...]. COZINHA NO VAPOR D'ÁGUA. O ABERÉM PODE SER COMIDO COMO BOLO.[1]

Algumas vendedeiras, como as tias, tias da costa – filhas e netas de africanos –, vendiam produtos africanos, alguns em lojas – quitandas – estabelecidas em áreas da cidade de Salvador, como o Pelourinho, onde se encontravam panos de alacá – panos da costa –, palha, obi, orobô, contas, sabão, todos da costa, da costa africana, provenientes dos grandes e famosos mercados da Nigéria, do Benim.

Essas vendas também funcionavam como verdadeiros reencontros com as terras de origem, com a África. Origem de ancestrais, era uma África falada e simbolizada principalmente pelos produtos procedentes de terras, de cidades, de famílias, de artesãos, de valores emocionais unidos aos valores utilitários para o cotidiano.

Comuns nas feiras e nos mercados eram as vendas de fato, gamelas de fato, contendo vísceras do boi, miúdos, queixada, pés, faceiras. Distinguiam outros ganhos das atividades femininas, como também as grandes cuias, meias-cabaças, onde estavam os panos de alacá, em tiras tecidas em teares, que depois de costuradas formavam os panos, panos da costa, que complementavam roupas do cotidiano e das festas. Esses panos comercializados nas meias-cabaças também eram chamados popularmente de panos de cuia.

Ainda, objetos artesanais, e em especial objetos para a formação de indumentárias, estavam incluídos nas atividades dos ganhos.

> CAIXINHEIRAS MASCATEANDO RENDAS E BICOS DE ALMOFADA, PALAS DE CAMISA E BARRAS DE CROCHÊ, ARTIGOS DE PROCEDÊNCIA AFRICANA [...].[2]

Foi o ganho com as comidas, porém, que marcou a atividade econômica da mulher nas ruas, dando certa autonomia para manter as famílias e demais atividades sociais.

Os conhecimentos do artesanato culinário unem-se ao artesanato da costura, do bordado, do enfiamento de fios de contas, e aos trabalhos

---

1 Hildegardes Vianna, *A Bahia já foi assim* (Salvador: Itapuã, 1973), p. 128.

2 *Ibid.*, p. 144.

com búzios, palha da costa e outros materiais integrados ao imaginário de matriz africana, e em especial as indumentárias.

Compõe o ato do ganho ou da venda o "estar de saia" ou "usar saia", que significa o mesmo que trajar à baiana. Também hoje isso marca o ganho do acarajé, das baianas de acarajé. O estar de saia emblematiza essa atividade econômica feminina.

O acarajé, a cocada e o acaçá eram tradicionalmente comercializados nas ruas de Salvador em gamelas de madeira, redondas, geralmente portadas na cabeça das mulheres que realizavam seus ofícios de ganho e trajavam saia, bata e turbante. Essas comidas, mais tarde, foram reunidas nos tabuleiros e passaram a ocupar um "ponto fixo" na cidade, locais estabelecidos para a comercialização, marcando, assim, o ofício da baiana de acarajé.

Outras comidas de rua também marcam a história dos ganhos, e destaque deve ser dado à variedade de mingaus comercializados nas bancas.

> MINGAU VENDIDO AO CLAREAR DO DIA POR UMA MULHER QUE MARCAVA POR MARCAR, PORQUE ERA FÁCIL FAZER FREGUESIA CERTA. EM SUA GAMELA REDONDA DE PAU, ASSENTADA SOBRE GROSSA RODILHA DE PANO DE SACO [...]. ELAS TODAS ERAM MAIS OU MENOS A MESMA COISA. PRETAS OU MULATAS. METIDAS EM SUAS SAIAS RODADAS [...].[3]

Os transportes em mocós, balaios, cestos contendo os muitos utensílios necessários às vendas, dão a essas mulheres a imagem de uma verdadeira escultura ambulante. Na cabeça, o tabuleiro; nas mãos, o fogareiro, o banquinho e o guarda-sol, entre outras coisas.

> IOIÔ, MEU BEM,
> NÃO ME SUBA NO TELHADO
> NÃO ME PISE OS ABERÉM.[4]

Sabor, higiene, cuidados com os ingredientes, temperos e o artesanato do alimento, além do cuidado com as indumentárias, com as peças em tecido branco engomado, com fios de contas e demais adornos corporais, juntos fazem uma composição para a venda, para o desempenho tradicional do fazer e vender comida.

No tabuleiro da baiana tem... Tem de tudo, tem comida, tem dendê, tem a África simbolizada, tem os orixás e santos próximos da Igreja, sempre invocados para vender, para criar a fama de seus produtos.

Também famosas eram as "mulheres do partido alto" – mulheres que enriqueceram com a venda de comidas e de objetos importados da África –, muitas delas donas de bancas de venda de comida nas ruas. Elas estavam sempre bem-vestidas, distintas pelo trajar com afinco e rigor, pelo uso de fios de contas africanas, corais, bolas de prata, bolas de ouro; exibindo um poder feminino, matriarcal; um poder muitas vezes também religioso.

---

3 *Ibid.*, p. 114.

4 Poesia popular da Bahia.

[...] AS MULHERES DE SAIA, CHEIAS DE OURO DAS PENCAS, COBERTAS DE ANÉIS, PULSEIRAS, COPOS, BRACELETES, CORRENTÕES. MULHERES QUE TINHAM GANHADO TUDO AQUILO GRAÇAS A SEU TINO COMERCIAL OU À PROTEÇÃO DE ALGUM APAIXONADO PORTUGUÊS RICO OU ENDINHEIRADO. ESSAS ERAM FELIZARDAS DONAS DE QUITANDA SORTIDA, MULHERES DE PARTIDO ALTO, QUE IAM ÀS PROCISSÕES COM SEUS PANOS BONS [...].[5]

Assim, a mulher assume o seu papel múltiplo no mundo afrodescendente. Papel econômico, de mãe, de mantenedora da família, das memórias e das tradições africanas.

---

5   Hildegardes Vianna, *A Bahia já foi assim*, cit., p. 146.

A COMPOSIÇÃO VISUAL DA INDUMENTÁRIA DE BAIANA TRANSCENDE O TERRITÓRIO BAIANO. GANHA O PAÍS, E O EXTERIOR, POR DIVERSOS CAMINHOS DE AFIRMAÇÕES TEÓRICAS E DA MÍDIA SOBRE BRASILIDADES. À BAIANA UNEM-SE O VAQUEIRO ENCOURADO DO SERTÃO E O GAÚCHO, QUE TÊM ALGO EM COMUM NA FORMAÇÃO BRASILEIRA: SÃO COMPONENTES TELÚRICOS QUE OFERECEM DIFERENTES LEITURAS PARA ENTENDER AS CONSTRUÇÕES DA NACIONALIDADE.

A CONSAGRAÇÃO DA INDUMENTÁRIA DA BAIANA As saias rodadas, as saias rodando trazem memórias e sentimento de festa, de dança de pé no chão sobre o barro, sobre a terra.

A indumentária é um território de identidade experimentada no corpo. E certamente é na indumentária que se marca e se expõe o sentido espacial do corpo.

A indumentária de baiana, de crioula; o estar de saia; a mulher de saia; a baiana de passeio, baiana de candomblé, baiana do Bonfim; a baiana da Boa Morte ou baiana de beca: as baianas apontam e reúnem elementos visuais barrocos da Europa, as tecnologias, as cores, as texturas de peças africanas do Ocidente, e também a forte presença afro-islâmica.

Vale destacar as relações entre o islã e a África e, ainda, da península Ibérica, entre os portugueses e os espanhóis, com os mesmos povos do islã – mouros e muçulmanos –, todos formando o "tipo", um tipo essencialmente consagrado, que é o da baiana.

PANO DE VESTIR

O objetivo principal do uso de tecidos de algodão natural era o de "tapar as vergonhas", como anunciava o padre Antônio Vieira.

Com a tecelagem funcional, feita nas fazendas e nos engenhos, confeccionavam-se uma ou duas peças, destinadas ao escravo, para serem usadas por tempo indeterminado. Pano de roupa, na época (Brasil colônia), era sinônimo de riqueza material.

O corpo escravo, tido como suporte meramente utilitário, deveria estar coberto, embora houvesse as marcas étnicas, sinais que marcam sociedades: escarificações no rosto, como também em outras partes do corpo, e dentes limados davam distinções, situavam grupos, procedências e, visualmente, determinavam identidades.

As aquisições de panos para, segundo a moral cristã, vestir o corpo nu, já começavam a formar um elenco de morfologias adaptadas, que buscavam, talvez, algumas aproximações com desenhos africanos.

Os operários negros conservavam o hábito de vestes brancas, de tecido grosso de algodão, calça e camisa justas e curtas, que lembravam camisas nagôs.

Ainda nesse despojamento econômico do traje, tem-se a chamada *roupa sura* como uma das primeiras composições do que se poderia, formalmente, entender como baiana. É um tipo de roupa lisa, discreta, sem adornos, composta de saia e camisa.

Nos terreiros de candomblé, foi adotada a roupa de ração, um traje interno, de lidas cotidianas, composto por saia sem anáguas, com ou sem camisa. A saia pode ficar na altura do busto, deixando ombros livres. O nome roupa de ração vem de roupa que come, que recebe obrigações durante os diferentes rituais religiosos.

PANO DE CABEÇA

A primeira e marcante identificação da roupa de baiana dá-se pela cabeça coberta com tecido de diferentes formatos e texturas; as técnicas de dispô-lo variam conforme intenção social, religiosa, étnica, entre muitas outras.

Durante muito tempo, em Portugal, proibiu-se o uso de panos nas cabeças das mulheres, pois lembravam o bioco muçulmano.

Em Portugal, já no século XII, tem-se o retrato da rainha Mafalda com seu toucado em rolo. Turbantes, trufas, turbantes do polichinelo e turbantes à mourisca são vistos em ilustrações quinhentistas das edições de cordel dos autos de Gil Vicente.

O chamado turbante mourisco achava-se muito em moda entre as "senhoras de qualidade", senhoras da classe dominante, dos fins do século XVIII.

O nosso turbante afrodescendente é, sem dúvida, afro-islâmico, uma maneira de proteger a cabeça do sol dos desertos ou de outras áreas tórridas e quentes do próprio continente africano. Contudo, ampliam-se seu uso e sua função, distinguindo a mulher em diferentes papéis sociais e compondo estéticas que mostram as condições econômicas e as intenções de uso, exibindo muitas vezes detalhes e sutilezas despercebidas pela maioria.

São muitas as maneiras de se "arranjar" o turbante a partir de tiras longas de tecido, tecidos quadrangulares ou triangulares, para formar os diferentes resultados estéticos, todos com intenções e significados próprios.

O torço protege o *ori* – cabeça –, indicado para as mulheres iniciadas no candomblé. O estar de torço tem significados próprios, como também tem o estar sem torço em momentos religiosos especiais, estabelecendo assim contatos mais diretos com o sagrado.

MUITOS PANOS

A indumentária de baiana é uma rica e complexa montagem de panos. Anáguas, várias, engomadas, com rendas, entremeios e de ponta. Saia, geralmente com cinco metros de roda, de tecidos diversos, com fitas e rendas entre demais detalhes na barra. Camizu ou camisa, geralmente rebordada na altura do busto. Bata, usada por cima, de tecido mais fino. Pano da costa para diferentes usos.

As saias armadas, volumosas e arredondadas são uma herança da indumentária europeia – saias à francesa. Batas largas, frescas, ecologicamente cômodas, são indícios de origem muçulmana, como os chinelos de pontas de couro branco, couro lavrado, o chamado *changrin*, outra peça à mourisca.

Nos candomblés, as indumentárias de baiana ganham sentido cerimonial e geralmente conservam aspectos tradicionais. Nos terreiros kêtu e angola, as roupas têm armações para arredondar as saias; já nos terreiros jeje, as saias são mais alongadas e com menor armação. Ainda no âmbito religioso, a baiana é a base para as indumentárias dos orixás, voduns e inquices, acrescidas de detalhamentos peculiares de cores, matérias e formatos, contando, também, com as ferramentas – símbolos funcionais dos deuses.

O traje emblema da baiana está disseminado em diferentes manifestações populares, por exemplo, nos maracatus do Recife, em que ela aparece como a baiana rica, que exibe a indumentária mais elaborada, como saia armada feita de tecidos nobres, e a baiana pobre ou catirina, que exibe sua indumentária feita de chita multicolorida, saia longa, bata e turbante do mesmo tecido. Também com essas mesmas características da indumentária da baiana pobre, a catirina está nos autos do boi, como a mulher do vaqueiro; e como crioula, nos cortejos e danças como as de São Gonçalo, na localidade de Mussuca, em Sergipe.

Interpretações da indumentária da baiana estão também nas congadas de Minas Gerais e na ala obrigatória das escolas de samba, a ala das baianas.

PANOS DE RICHELIEU

Dos muitos panos que fazem as indumentárias de festa tradicionais das baianas, há um notável uso e valorização da técnica *richelieu* como verdadeira atestação do bem-vestir, conforme o costume e o conhecimento da boa indumentária de baiana.

Provavelmente antes do aparecimento das técnicas das rendas de agulha e de bilros, na Europa do século XV, desenvolveu-se uma técnica híbrida entre a renda e o bordado. Essa técnica carrega marcas do Oriente, no uso de tecidos e outros adornos trazidos pelos cruzados. Os primeiros ensaios para esses bordados, tecidos abertos, estão na técnica do quintin, na qual o fundo é aberto e os fios do tecido são rebordados e seguem os desenhos do ponto cortado.

Essa técnica também passou a ser conhecida como bordado de ponto cortado de Veneza, ou ponto de Veneza. Elementos como flores, arabescos e folhas, que eram temas constantes desse ponto, espalham-se como uma técnica orientalizada, especialmente para as roupas do clero e da nobreza.

O ponto de Veneza popularizou-se na Europa e chegou à América com o nome de *richelieu*. Esse nome se atribui a Armand Jean du Plessis, cardeal e duque de Richelieu, pois foi o uso frequente dos pontos de Veneza nos paramentos de tecidos brancos desse cardeal que notabilizou a técnica.

A técnica do *richelieu* ampliou-se no Renascimento da Europa como um sinal distintivo do poder político e religioso. Golas, punhos, barrados e adereços diversos, geralmente feitos em tecido branco, determinavam suntuosidade. Essa mesma suntuosidade ampliava-se para as "alvas" – toalhas das igrejas católicas –, que até hoje se identificam como verdadeiros tesouros feitos de tecido, que preservam o caráter de nobreza e luxo.

Tudo se une às pratarias, às jarras de louças, às imagens de madeira policromada e dourada das igrejas, à arquitetura das colunas e dos retábulos, muitos recobertos de folhas de ouro, que formam esse imaginário barroco juntamente às toalhas de *richelieu*.

Além de permanecer em alguns paramentos das igrejas, esse rico imaginário barroco expandiu-se e perpetuou-se nos diferentes elementos feitos de tecido que montam a indumentária tradicional de baiana. As indumentárias rituais de matriz africana trazem ainda o *richelieu* como um resultado estético integrado e formador de uma identidade afrodescendente.

Hoje, a técnica do *richelieu* começa no desenho, chamado de "risco" ou de "dibujo", um tipo de molde que orienta a realização do desenho, tema do bordado. Esses riscos compõem um verdadeiro acervo de motivos que serão realizados pela bordadeira, geralmente uma mulher, embora nesse tipo de artesanato também haja homens bordando com técnica. A tradição, contudo, é feminina.

Os tecidos convencionais para o *richelieu* são o linho e a cambraia de linho, além da organza. Certas linhas são preferidas, como linha de seda, de algodão e do tipo cordonê.

O desenho é impresso sobre o tecido que se encontra no bastidor, e assim a técnica é realizada com os bordados e os recortes; os bordados são feitos à mão ou, como é muito comum, com o emprego de uma máquina de costura.

NOTÁVEL E IDENTIFICADOR DA INDUMENTÁRIA DA BAIANA, EM TODAS AS SUAS INTERPRETAÇÕES FUNCIONAIS E ESTÉTICAS, É O PANO DA COSTA: PANO QUE É TECIDO EM TEAR MANUAL, NO BRASIL; QUE É IMPORTADO DA COSTA OCIDENTAL AFRICANA, TAMBÉM TECIDO EM TEAR MANUAL; E, AINDA, PANO INDUSTRIALIZADO QUE É INCORPORADO, EM USO E SIGNIFICADO, À INDUMENTÁRIA.

PANO DA COSTA Com o intenso comércio entre a costa do continente africano e o Brasil, ocorrido a partir do século XVI, impulsionado pelos navegadores portugueses, chegaram muitos produtos que foram chamados *da costa*, provenientes da costa atlântica africana, e que foram incorporados à vida brasileira. Por exemplo, o inhame-da-costa; a palha da costa; o búzio da costa, a pimenta-da-costa, a ataré; e o pano da costa, originalmente chamado de *pano de alaká*.

Sabe-se, por meio de documentos históricos, que, no fim do século XVIII, chegaram ao porto do São Salvador, na Bahia, cerca de 150 mil panos da costa, os quais compunham formas e estilos de vestir e davam identidade aos africanos e aos afrodescendentes no Brasil colônia.

O pano da costa vem marcar e integrar uma indumentária popularmente conhecida como *roupa de crioula* ou *estar de saia* (século XIX).

O pano da costa fundamenta um tipo etnossocial afrodescendente. Ele compõe a tradicional indumentária de baiana que todos conhecemos.

Foram muitos os mestres tecelões na cidade do São Salvador, mas dois se destacaram nesse cenário: Alexandre (século XIX), que confeccionava panos feitos especialmente para o Gantois, e seu seguidor, o mestre Abdias, o qual tive o prazer de conhecer e com quem realizei pesquisas referentes à tecelagem artesanal do pano da costa, além de poder acompanhar todo o rigor da técnica e dos significados conforme os costumes do continente africano.[6]

Mestre Abdias não deixou outros seguidores, e, assim, por algum tempo, não se teceu o pano da costa na Bahia. Havia, entretanto, grande procura do tecido pelas populações afrodescendentes.

Pesquisas e documentos produzidos apontavam para o interesse em tornar novamente viva a técnica do pano de *alaká*, como também promover a comercialização dos tecidos.

Nesse contexto, surge, então, a oportunidade para reativar a técnica do pano da costa por intermédio dos projetos apoiados pelo Comunidade Solidária, conveniado com o Centro Nacional de Cultura Popular (CNCP), que tinha por objetivo promover o artesanato das comunidades tradicionais.

Desse convênio nasceu a Casa do Alaká, localizada no espaço do terreiro de candomblé Ilê Axé Opô Afonjá, tombado como Patrimônio Nacional pelo Instituto do Patrimônio Histórico e Artístico Nacional (Iphan), onde implantei, em 2002, o projeto para a feitura dos tecidos. O projeto tornou possível a recuperação e a reativação da técnica de tecelagem de acordo com a sabedoria tradicional de mestres tecelões, nesse caso, dos seguidores do mestre Abdias e instrutores do Instituto Mauá.

O projeto alcançou sucesso como espaço de trabalho, de comercialização, de divulgação da técnica de tecelagem e, mais importante ainda, como salvaguarda patrimonial, o que tornou possível o fortalecimento do ofício conforme as memórias ancestrais do continente africano.

A feitura do pano da costa, tanto no continente africano, especialmente na África Ocidental, como na Bahia, segue o mesmo processo tecnológico, com o uso do tear horizontal. O trabalho inicia-se com o urdimento dos fios, ou seja, os fios são selecionados por cores e quantidades, conforme o padrão desejado, e assim colocados no tear. A tecelagem é iniciada seguindo o processo convencional de acionar liços, pentes e pedais, e dessa maneira resulta o tecido.

Caracteriza também a tecelagem do pano da costa a feitura de tiras, tiras tecidas, que posteriormente serão costuradas de maneira artesanal conforme a largura desejada do pano.

Diferentes são os usos e significados do pano da costa, pois usá-lo é o mesmo que empreender uma linguagem visual. Pano da costa estendido sobre um dos ombros e pendendo para as costas significa uso social e atividade "de passeio". Pano da costa transpassado sobre o peito indica uso sociorreligioso, o mesmo ocorrendo com o pano da costa enrolado como uma faixa na cintura; usado como mantilha ou véu significa proteção para o corpo; e dobrado e posto sobre um

---

6   Essas etnografias aconteceram no fim dos anos 1970 e resultaram em diferentes documentos. O principal deles é o livro *Pano da costa* (Rio de Janeiro: Funarte, 1977), de minha autoria.

dos ombros é chamado de *embrulho*, conforme a tradição do Recôncavo da Bahia.

Os tipos de panos da costa tecidos em tear horizontal com fios de algodão, fios de seda, mistura de fios de algodão e de caroá, aqueles bordados em *richelieu*, ou detalhados com rendas de diferentes tipos, irão indicar seu uso cotidiano ou para as festas.

TODA A PRATA ME FASCINA
TODO MARFIM AFRICANO
TODAS AS SEDAS DA CHINA.
Poesia popular da Bahia

JOIAS E MEMÓRIAS DA MULHER AFRODESCENDENTE Debret, Rugendas, Florence, Taunay, Carlos Julião, entre outros documentalistas, etnógrafos de época, mostram das ruas, praças, mercados, festas populares e manifestações religiosas uma rica iconografia de costumes que ampliam os estudos etno-históricos sobre o Brasil africano dos séculos XVIII e XIX.

A ocupação e fixação no Brasil, na época colonial, foi assentada na extração das riquezas da terra, tendo como base a política dominadora da Inglaterra, intervindo diretamente no controle e na organização dos ofícios – de ferreiro, tecelão, padeiro, armeiro, entre demais saberes do fazer e do significar objetos.

As atividades de fiação e tecelagem foram as mais controladas. No Brasil eram feitos exclusivamente os panos de algodão cru destinados à "tapagem das vergonhas" de negros em condição escrava e de índios. Todos os outros panos, para uso dos europeus e do restante da população, vinham da Inglaterra.

Com a abertura dos portos, em 1808, por dom João VI, novos contatos com o mundo chegaram ao Brasil, e nesse tempo uma civilização tropical foi fortalecida por diferentes matrizes étnicas e culturais.

Um ponto relevante no estudo da joalheria brasileira, em especial daquela de uso e representação da cultura africana e afrodescendente, está justamente nas suas bases ibéricas.

As conhecidas e valorizadas joias de crioula, que formam um magnífico acervo de objetos de uso corporal em ouro, prata e prata dourada, nascem da milenar joalheria portuguesa de base greco-romana.

Há um sentido formal para o uso das joias, principalmente dos colares, vários, em quantidade e exuberância de celebração profundamente barroca. Há também um conceito estético da quantidade de joias como um ideal de beleza, que certamente une-se ao ideal de poder.

Nas indumentárias etnoculturais do norte de Portugal, notadamente de Viana do Castelo, Minho e Douro, no litoral, vê-se uma profusão e variedade de colares exibidos nos colos femininos, que estavam sempre abarrotados de joias.

Destacam-se os colares em bolas de ouro e de prata, de variados tipos, com fios de ouro aplicados – lembrança da filigrana –, que na Bahia são conhecidos como *bolotas*, *bolas confeitadas* ou *padre nosso confeitado*, e também o estilo das bolas de ouro "gomadas", que trazem os gomos da pitanga.

A designação *confeitada* lembra a confeitaria de bolos, geralmente com desenhos delicados e rendilhados, e por isso houve a incorporação do nome e a sua popularização.

Há, ainda, as bolas filigranadas, que são enfiadas em cordões ou combinadas com contas de louça, coral, contas africanas, entre outras.

Essa joalheria, que une as suas bases ibéricas ancestrais e as interpretações e apropriações de matriz africana, adquire na Bahia um realce especial com os colares conhecidos como colares de alianças ou correntões cachoeiranos. São colares de aros lisos ou de aros trabalhados em relevo, feitos de ouro, prata dourada ou prata. Nesse estilo, há diferentes formas e dimensões de aros, por exemplo, as correntes do tipo miçangão e as correntes de miçangas feitas de ouro, todas confeccionadas com aros de diferentes diâmetros e espessuras.

Como adorno para os correntões há as rosáceas de ouro, a pomba do Divino Espírito Santo e as cruzes de vários tipos, especialmente a cruz-palmito, que tem hastes arredondadas e lembra o palmito, de onde vem seu nome.

Nos braços, há os punhos que são chamados de copos, por lembrarem o formato convencional do copo. São peças com recortes e estampas em ouro. Também há as pulseiras conhecidas como *de placas*, feitas de ouro e com recortes, ou mesmo de filigrana. Algumas são complementadas com canutilhos de ouro, de coral, entre outros materiais.

Compondo esses conjuntos de joias estão os brincos de ouro ou de prata dourada. Comuns e tradicionais são as argolas, que são também conhecidas como *aros*, com variados tamanhos e espessuras.

Alguns tipos de brincos tradicionais do norte de Portugal, como brinco à rei, brinco à princesa e arrecadas de Viana, são confeccionados a partir de uma meia argola, desenho milenar da joalheria greco-romana, que poderá ser lisa ou filigranada em ouro.

Há alguns tipos de brincos que se popularizaram a partir dos desenhos tradicionais portugueses. Merecem destaque os brincos de búzios, peças guarnecidas de aro recortado em ouro ou em prata, ou mesmo de alpaca; brincos do tipo pitanga, que reproduzem os gomos dessa fruta com coral, massa de coral ou com outro material que tenha a cor da fruta, complementados com aro dentado em ouro ou em prata; e brincos tipo *barrilzinho*, feitos com coral, contas africanas e outros materiais, que consistem em uma peça cilíndrica encastoada em ambas as extremidades. Os brincos arredondados com pedras preciosas e massas de diferentes materiais, também com aro liso ou dentado de ouro, estão entre os tipos mais comuns.

Ainda, há os anéis que fazem parte do conjunto dessa joalheria, geralmente usados em todos os dedos. São do tipo aliança de ouro, de variadas espessuras, lisos, com relevo ou com filigrana. Existem também anéis com pedras preciosas e ouro, entre tantos outros tipos.

Todas essas peças estão na composição da indumentária de baiana, especialmente para os dias de festas, em particular as festas religiosas da Igreja.

As peças estavam mais para o volume e a força quantitativa, e nelas havia muito ouro e prata que barrocamente traduziam corpos e trajes de gala, entre eles o de *beca* ou *baiana de beca*.

Além das joias convencionais – correntes, correntões, braceletes, pulseiras, anéis, brincos, botões, que eram feitos de ouro, prata dourada ou prata –, vale ressaltar um tipo de joia que era usado na cintura, um molho de objetos de prata, colecionados numa *nave* com corrente de prata, chamado de penca ou penca de balangandãs.

As pencas são tradicionalmente feitas de prata e reúnem variados objetos com finalidades simbólicas também distintas, inclusive a de amuleto. Essas pencas, na sua maioria, pertenciam aos senhores escravocratas que adornavam suas mucamas com joias e balangandãs para exibi-las nas grandes procissões das igrejas.

Apesar do número considerável de documentalistas no Brasil colônia, deve-se avaliar a tendência de leituras românticas da realidade. Comuns são as cenas e os personagens muito mais europeus em elegância do que genuinamente brasileiros.

Outros temas ganharam destaque na iconografia desses documentalistas que realizavam os retratos sociais como os das cenas do *ganho* e do *canto* – atividade masculina de transporte de diferentes objetos. Nas ruas, nas praças, nos adros das igrejas, estavam homens e mulheres em condição escrava vendendo comidas e bebidas. O *ganho* com as comidas, por exemplo – mingau, pirão de milho, carimã, inhame, uns com carne, outros doces, servidos para uma clientela de pardos, negros e brancos do populacho –, era o serviço feminino. A mulher mostrava nas suas roupas alguns distintivos próprios da sua condição de quitandeira, de mercadora de alimentos.

Assim, pelos registros iconográficos de alguns documentalistas, vê-se a organização de indumentárias, com destaque para diferentes tipos de turbantes, batas, saias e penteados, e as marcas étnicas, por meio das escarificações nos rostos. Muitas mulheres ainda exibiam objetos mágicos, uns de cunho propiciatório, outros invocativos e próprios para as atividades dos ganhos nas ruas, usados para obtenção de proteção, lucro material, além de formas de manifestar religiosidade.

Esses objetos, geralmente dispostos na cintura por argolas individuais, tiras de couro, entre outros materiais, formavam conjuntos, tendo cada objeto um sentido simbólico pelas cores, texturas, quantidades e materiais.

Entre esses objetos incorporados às indumentárias dos ganhos estão: bolas de louça, figas, saquinhos de couro, dentes de animais, medalhinhas, crucifixos e outros símbolos cristãos absorvidos e interpretados pela funcionalidade mágica, adquirindo assim novos valores estéticos e rituais.

O conjunto de tecidos e suas diferentes disposições na formulação dos trajes das quituteiras, quitandeiras ou simplesmente negras de ganho, no século XIX, sem dúvida têm muito mais de português do que de africano. Embora a tendência dos estudos na área seja a de africanizar, e com isso generalizar, não se pode entender os estudos de trajes em sociedades complexas que não apresentem a incidência de elementos de diferentes fontes culturais.

As indumentárias das mulheres de ganho, no Brasil do século XIX, são possíveis projeções das roupas de vendedeiras portuguesas dos séculos XVIII e XIX, aquelas mulheres que vendiam nas ruas, praças e mercados principalmente de Lisboa, Porto e Coimbra. Esses elementos visuais integram-se à formulação de uma das roupas mais brasileiras, a da baiana.

Muitas das indumentárias tradicionais portuguesas já haviam incorporado uma afro-islamização acrescida de outras vertentes civilizatórias da Índia e da Ásia. O produto dessas misturas culturais está visível também nas indumentárias afrodescendentes.

Nesse encontro entre o Ocidente e o Oriente, diferentes elementos estéticos marcam também a funcionalidade de cada atividade social exercida no ganho. Um exemplo são as diferentes indumentárias, reconhecidas e singulares, que identificam cada atividade de ganho própria da mulher portuguesa.

Entre as muitas atividades de ganho exercidas pelas portuguesas, nos séculos XVIII e XIX, que são identificadas por indumentárias especiais ou por alguns elementos visuais, têm-se vendedoras de agulhas e alfinetes, alecrim, alféloas, alho, azeite, bolachinhas, bolos, brioches, castanhas, cebolas, fava-rica, folhinhas, frutas, galinhas, hortaliças, hóstias doces, laranjas, lençaria, limonada, louças de barro preto, louças finas, mexilhões, ovos moles, peixes, pinhões, queijadas, rosários, sardinhas assadas, tâmaras, tremoços e outros produtos.

Desses trabalhos de vender publicamente produtos tão diferentes com roupas que marcam cada atividade profissional da mulher portuguesa, houve um diálogo estético e funcional com as atividades dos ganhos exercidas pelas mulheres negras e crioulas. Cumpre notar ainda que muitas das indumentárias registradas pelos viajantes, no então Brasil colônia, eram as das atividades econômicas e públicas exercidas por mulheres de ganho, e seu uso nasce do aproveitamento de roupas europeias recicladas, adaptadas e reinventadas conforme as possibilidades econômicas.

Atualmente, as atividades de ganho consistem nas comidas de tabuleiro e funcionam como um tipo de continuidade dos ofícios da mulher afrodescendente, cujos tabuleiros contemporâneos guardam e expõem bolos, acarajés, abarás e cocadas, que estão protegidos invariavelmente por figas de madeira, pequenas imagens de Santo Antônio e algumas moedas, como se projetados a partir daqueles objetos que eram usados na cintura pelas antigas mulheres de ganho. Com certeza, os objetos devocionais e simbólicos integram e compõem o imaginário afrodescendente, que é plural, complexo e multiétnico.

Os objetos têm marcas de uso e de significado em diferentes momentos nas roupas, nos ofícios e em construções estéticas que sempre marcam um lugar social da mulher de matriz africana no cotidiano, nas tradições religiosas e nas festas.

Muitos desses objetos estão dispersos nos fios de contas, ou são também integrados à joalheria brasileira, compondo cordões, pulseiras, brincos, anéis, entre outros.

O brasileiro, por costume e tradição, traz junto ao seu corpo alguns objetos que lhe dão proteção de diferentes formas, inclusive religiosa. Aí estão as figuinhas de arruda e guiné, breves, patuás, dentes humanos encastoados, certas favas e folhas, além dos *bentinhos*, *fitinhas*, entre demais formas e intenções que tenham função devocional.

Nesse contexto dos objetos devocionais para uso corporal, há permanência de algumas memórias do que a Igreja considera como objeto de valor ritual e religioso e de proteção pessoal.

Os objetos sagrados – relíquias –, geralmente guardados em relicários, eram, em sua maioria, de prata, ouro, madeira entalhada e dourada, marfim, cristal, entre outros materiais que pudessem proteger, exibir e destacar o que continham de preciosidade em testemunho da fé católica.

Além de estarem nas igrejas e em outros locais santos, os objetos eram usados junto ao corpo, e para isso bastava que fossem benzidos e/ou ungidos com água, óleos, orações e outros rituais. Assim, o diabo, o maior dos inimigos, estaria distante desses objetos especiais em formatos e em materiais que pudessem significar Deus e sua Igreja.

Aliás, o diabo nunca foi tão valorizado quanto na Idade Média e funcionou como um perfeito contraponto à visão expansionista e dominadora do catolicismo, cada vez mais representada por uma parafernália de bens sagrados e propiciatórios.

As semelhanças entre os escapulários de Nossa Senhora do Carmo e suas reproduções em bentinhos usados como cordões de pescoço, especialmente no Nordeste, reforçam as interpretações do chamado catolicismo popular.

Os nexos desses bentinhos estão também nos patuás afro-baianos, representados por saquinhos de couro e tecido contendo materiais do axé, que são diferentes preparos, como pós, raízes, folhas, búzios, ou mesmo trechos do Alcorão, como foi registrado no século XIX, na cidade do São Salvador. Neste exemplo, destaco o uso mágico das *suratas* do livro sagrado do Islã, incorporado aos símbolos de outros modelos culturais africanos, também em interpretações afrodescendentes.

Os patuás, hoje, são saquinhos de plástico que imitam o couro, com cores conforme o simbolismo dos orixás: amarelo para Oxum, azul para Oxóssi, branco para Oxalá e assim sucessivamente, apresentando ainda um búzio e uma figuinha, geralmente de arruda.

Os patuás estão também em alguns fios de conta que são comumente usados na altura da nuca ou para as costas; neles estão ainda as figas, os dentes encastoados, as pombas do Divino, entre outros objetos. Tudo forma esse amplo e diverso imaginário de povos e de civilizações africanas na construção de uma estética brasileira.

BALANGANDÃS, MEMÓRIAS E ARTESANATO DE USO DECORATIVO

Como foi mostrado, a base simbólica, ora católica à moda brasileira, ora africana ou afrodescendente, fundamentou o fazer e o usar a *penca*, distintivo feminino da mulher africana ou da crioula baiana.

Os objetos são inúmeros, alguns vinculados ao imaginário da Igreja, outros ao imaginário das religiões de matriz africana e ainda ao ato do colecionismo ou da escolha estética do objeto. Assim, com objetos reunidos de maneira aleatória e livre, são formadas as pencas de balangandãs.

SÍMBOLOS CRISTÃOS: A POMBA OU OS SANTOS MÁRTIRES OU TODOS OS SANTOS, COMO O GALO, TAMBÉM

REPRESENTANDO A VIGILÂNCIA, A POMBA DO ESPÍRITO SANTO, DE ASAS ABERTAS E CRUZ FEITA COM A CABEÇA E A CAUDA. SÃO JORGE OU OXOCÊ, SANTO GUERREIRO E CAÇADOR, É REPRESENTADO PELA LUA, PELA ESPADA, PELO CÃO, PELO VEADO. SÃO JERÔNIMO OU XANGÔ SE REPRESENTA PELO BURRO, PELO CARNEIRO, PELO CAJU, O ABACAXI E O MILHO. SANTO ANTÔNIO, OU OGUM, PELA FACA, PELO PORCO. SÃO LÁZARO OU OMOLU É REPRESENTADO PELO CÃO OU A FIDELIDADE, E, ÀS VEZES, TAMBÉM PELO PORCO. SÃO COSME E SÃO DAMIÃO SE REPRESENTAM PELA MORINGA D'ÁGUA. SANTO ISIDORO OU OMOLU MOÇO (SÃO LÁZARO) CONTENTA-SE COM O BOI. SÃO BARTOLOMEU NO CULTO "CABOCLO" TEM O SOL. SANT'ANA, OU A MESTRA DA VIRGEM, NANÃ, TEM POR SÍMBOLO A PALMATÓRIA. NOSSA SENHORA DA CONCEIÇÃO OU OXUM FICA COM AS UVAS. A FERRADURA É O SIGNO DA FELICIDADE; O CORAÇÃO, DA PAIXÃO, SE TEM CHAMAS, PAIXÃO ARDENTE; AS MÃOS DADAS, DA AMIZADE; A ROMÃ É A HUMANIDADE...[7]

Essa listagem de Afrânio Peixoto não aprofunda questões sobre as escolhas de certos animais, frutas e outros objetos usados para representar os orixás do candomblé e os santos católicos, numa busca daquilo que se chama sincretismo religioso.

A uva, por exemplo, fruta não africana, é Oxum, que está na penca significando a *iabá*, mãe das águas doces, das riquezas, do ouro, também tida como Nossa Senhora da Conceição, da Glória ou do Carmo.

---

7 Afrânio Peixoto, *Breviário da Bahia* (Rio de Janeiro: Agir, 1945), pp. 278-279.

Ex-votos como os olhos de Santa Luzia são frequentes, além de certos animais e frutas que também assumem significados devocionais.

A base da minha pesquisa sobre as pencas de balangandãs, pencas de amuletos, molhos ou pencas se dá com a coleção de 27 pencas, de prata e outros materiais como madeira, louça, dentes, corais, entre outros, que perfazem um acervo de quase mil objetos que foram listados, estudados, documentados e também classificados. Essa coleção faz parte do acervo do Museu Carlos Costa Pinto, Salvador, Bahia.

Os muitos tipos de objetos que compõem esse acervo, o maior acervo reunido sobre as "pencas", estão assim listados: abacaxi, águia, âncora, apito, panela, barril, bico de ave, boi, boia, bola, boneca, burro, busto de índia, cabaça, cabeça de cavalo, cacau, caju, caneca, cântaro, caramujo, cachimbo, cacho de uvas, cachorro, cágado, casa, cavaleiro, cavalo, chave, chifre de besouro, cilindro, coco-d'água, colher, concha, conta, coração, crucificado, cruz, cruz-palmito, cuia, dente, espada, espora de galo, estrela, ex-voto (diferentes representações do corpo humano), olhos de Santa Luzia, facão, figa, flor, fruteira, galo, garrafa, globo armilar, guizo, haste de madeira, jarro, lanterna marítima, laranja, machado, mão de Fátima, meia-lua, moeda, moringa, grelha, ovo, palmatória, pandeiro, papagaio, pedaço de crustáceo, peixe, pera, perna e bota, pião, pimenta, pinça de crustáceo, pingente, pipo de cachimbo, pomba

Divino Espírito Santo, porco, porrão, quarta, relicário, revólver, romã, santa, sino, sol, tambor, unha de tatu, violão.

Esses objetos receberam a seguinte classificação: símbolos gerais do candomblé baiano; ex-votos representativos das tendências afro-católicas; símbolos cristãos; objetos do cotidiano (símbolos de carga sociológica); objetos exógenos ao tema.

PULSEIRA DE BALANGANDÃS

A pulseira de balangandãs que integra a tradicional joalheria baiana manifesta o mesmo conceito da penca de balangandãs, que é reunir, colecionar diferentes objetos com significados especiais e outros com um sentido estético. Há também o conceito referente à quantidade e variedade de objetos.

Exemplo é a pulseira de balangandãs do acervo do Museu Carlos Costa Pinto, em Salvador, assim organizada: locomotiva, cartão, meia-lua, cruz e âncora, bola amarela, fruta estilizada, dois corações, torre Eiffel, Cristo Redentor, flor, tambor, moeda de 220 réis (1820), peixe, cadeado, figa, jarro, alaúde, bola de ágata, violão, violoncelo, xícara, pires, colher, porrão, conta africana verde encastoada, coral encastoado, sino, lira, bola azul, garrafa, bule, ex-voto (tórax), bola laranja, regador, moeda de 500 réis (1860), espiga de milho, conta azul, dente, ex-voto (perna), ex-voto (olhos de Santa Luzia), harpa, duas figuras masculinas, jacaré, rã, lagarto, busto chinês, romã, caju, chifre de besouro, cachimbo, tambor, pandeiro, macaco, papagaio, conta africana encastoada, cilindro de prata encastoado, cabeça de cavalo, pandeiro, pomba, faca, facão, colher, concha, coco-d'água, atabaque, camelo, porco, urso, elefante, bola amarela, figa de madeira encastoada, garfo, cachorro, búzio, ex-voto (figura humana), encastoamento de prata sem objeto, cabaça, revólver, bola verde, pente, tesoura, garrucha, figura-flor, bola de prata, figura peruana, cabeça, duas cabeças duplas, cabeça de índio, figura humana, ex-voto (cabeça), penca de bananas. Todas essas peças estão organizadas em uma corrente dupla de prata. São 94 peças colecionadas.

O uso das pencas de balangandãs em prata ficou integrado ao traje de beca ou baiana de beca.

Algumas baianas de beca portavam guarda-chuvas de seda preta com cabos de madeira dourada ou com incrustações de joias; e, para aguardar as procissões, levavam também o mocho – banquinho de madeira com assento em palhinha.

As joias transbordavam nos pescoços, colos, punhos e braços. Nas cinturas, postas por correntões e naves, estavam as pencas de prata, tendo em média de vinte a cinquenta objetos. A beca era frequente nas suntuosas e monumentais procissões de Corpus Christi ou nas festas de oragos das irmandades, próprias de negros e mulatos na Bahia, como a do Bom Jesus dos Martírios, Nossa

Senhora da Boa Morte, Bom Jesus da Paciência, entre outras. Lembranças dessa época estão nos festejos atuais da Irmandade de Nossa Senhora da Boa Morte, na cidade de Cachoeira, na Bahia.

Em pesquisas realizadas nos anos de 1978, 1979 e 1980 na Irmandade de Nossa Senhora da Boa Morte, as irmãs mais velhas não se lembravam das pencas nas cinturas nem de amuletos isolados nos panos, também nas cinturas. Isso faz supor que basicamente na capital, Salvador, permaneceram em quantidade e expressão as pencas.

FIOS DE CONTAS, COLARES E SÍMBOLOS

A categoria fios de contas é abrangente e variada no imaginário convencionalmente interpretado como afrodescendente. Diferentes contas, de diferentes materiais, enfiadas em palha da costa, cordonê ou náilon, cumprem um texto visual de alternância de cores, quantidades, inclusões de outros materiais – firmas, figas, bentinhos, fitinhas, dentes de animais encastoados, crucifixos, santinhos fundidos em metal e uma infinidade de relíquias que circulam pelo sagrado da Igreja e pelo sagrado das religiões de matriz africana.

O fio de contas é um emblema social, religioso e estético que marca um compromisso ético e cultural. É um objeto de uso cotidiano, público, que situa o indivíduo na sociedade.

O texto visual revelado no fio de contas se dá pela cor e pelo tipo de material, que são os grandes sinais que determinam a identidade do próprio fio de contas.

Por exemplo, o coral, coral-vermelho, como é conhecido, é um material nobre e conceitualmente de grande valor; e quando um coral é africano, a sua valorização é ampliada. Por significar um pedaço da África, é muito estimado.

Para poder enfiar as contas, é necessário conhecer os códigos cromáticos e suas muitas interpretações e soluções estéticas.

O ofício de construir os fios de contas é um trabalho artesanal, que dialoga com o trabalho artesanal da feitura das indumentárias, e assim faz textos visuais com significados especiais e funcionais nesse amplo e diverso imaginário de base africana e afrodescendente.

Após a montagem, o enfiamento de contas, há rituais próprios que conferem aos fios de contas os significados e as propriedades no campo sagrado. Esse ritual é conhecido como *lavar as contas*, e é um momento de sacralização.

O fio de contas acompanha o cotidiano, o trabalho, o lazer, os diferentes momentos sagrados no terreiro. É também exibido com orgulho iniciático. Alguns fios de contas são verdadeiras realizações estéticas, seguidoras de um rígido código cromático que orienta as suas próprias construções.

As quantidades, as transformações artesanais, o fazer/enfiar das contas e a lavagem, um ato de transformação religiosa que se dá por meio de água, folhas, sangue, sementes, sabão, pós, entre outros, têm atuação física sobre os materiais e, principalmente, são agentes da mudança dos simples materiais para materiais portadores de axé.

Os fios de contas como objetos idealmente concluídos, os colares, independentemente dos tipos, poderão passar por modificações formais, geralmente acréscimos, que ocorrem naturalmente, integrados às diferentes histórias particulares de cada usuário.

Uma firma africana – conta especial, geralmente de formato cilíndrico –, uma bola confeitada, uma figa, um dente de animal encastoado, uma fitinha, entre outros, são novos componentes de um fio de contas, que ocupam um local especial de localização no "firmamento" do arremate da peça.

Há também alguns fios que são trançados com palha da costa ou buriti, acrescidos de miçangas e búzios, formando os *xumbetas* e *mocãs*.

Destacam-se na produção de matriz africana tipos de colares, como o *rungeve*, feito de miçangas marrons, corais e seguis – contas de vidro de cor azul –, e também os *diloguns* – conjunto de sete, quatorze e vinte e um fios de miçangas –, que são reunidos num único colar.

FESTA DO BONFIM

O RITUAL DAS ÁGUAS

Na tão popular Festa de Nosso Senhor do Bonfim, na cidade do São Salvador, o grande marco das celebrações se dá com o ritual da lavagem.

Muitas celebrações em diferentes povos e culturas são iniciadas com os banhos, sejam de objetos, sejam de ambientes, para assim estarem prontos para integrar a realização de diferentes cerimônias nas diversas tradições religiosas.

Na Bahia, as bases culturais africanas – especialmente a iorubá, para a qual o mito da criação do mundo e dos homens vem com Oxalá – são representadas pela água germinal, água como um símbolo da fertilidade.

Celebra-se a água do nascimento, da vida, água indispensável para a agricultura, elemento fundamental para o homem. Esses são valores de civilizações africanas que buscam sempre preservar os rios e as fontes de água, numa consciência ecológica integrada às tradições culturais.

Essas bases ancestrais africanas estão presentes nas festas e assumem um sentido de purificação. Aqui, o nosso exemplo é uma das celebrações coletivas mais populares do Brasil, e principalmente da Bahia, que é o ciclo de festas do Bonfim, uma festa das águas. Essa festa é popularmente conhecida como Lavagem do Bonfim.

É uma manifestação de religiosidade e de memória africana que se une ao imaginário católico, tendo como lugar de devoção a Igreja de Nosso Senhor do Bonfim.

Assim, vive-se uma forma sincrética de interpretar o santo da Igreja com o olhar e a emoção africana dos iorubás.

Essa manifestação pública culmina com o ato de lavar a tão popular Igreja do Bonfim, para preparar o lugar também no simbólico e atribuir a fertilidade que é representada por meio da água limpa, água especialmente coletada, água ritualizada.

Hoje, o adro da igreja é o lugar do ritual da lavagem, mas originalmente era toda a igreja. Esse ritual, até hoje, acontece com as baianas vestidas de branco, quando usam as suas indumentárias de festa, repletas de joias; elas portam jarros, quartinhas ou quartas de barro que contêm água limpa e fresca, assim como flores, para realizarem a obrigação da lavagem do Bonfim. Dessa maneira, as memórias ancestrais são retomadas, e as cerimônias se ampliam para além da igreja.

Há também um ciclo especial de festas e de cerimônias privadas nos muitos terreiros de tradição religiosa de matriz africana, conhecido como Águas de Oxalá.

Nas festas que acontecem diante da Igreja do Bonfim, assim como nas comunidades dos terreiros, as indumentárias de baiana totalmente brancas, engomadas, de rendas e de bordados, marcam a estética desse ciclo de celebração da vida a partir das águas.

BAIANAS DO BONFIM

AS INDUMENTÁRIAS TRAZEM REFERÊNCIAS E COMUNICAM UMA SÍNTESE DE SÍMBOLOS SOBRE ETNIA, TERRITÓRIO, IDENTIDADE E ESTÉTICA; E NESSE ACERVO VISUAL DAS MONTAGENS DE TECIDOS E JOIAS ESTÁ A TÃO CONHECIDA INDUMENTÁRIA DE BAIANA.

E, ENTRE AS INTERPRETAÇÕES VISUAIS QUE DÃO DIVERSIDADE A ESSE "TIPO", ESTÁ CONSAGRADA NO IMAGINÁRIO BRASILEIRO A INDUMENTÁRIA DA BAIANA DO BONFIM.

As baianas do Bonfim caracterizam-se pelas suas indumentárias brancas, muito alvas, exageradamente engomadas, perfumadas de alfazema ou outras flores, quando então essas mulheres de fé se tornam verdadeiras instalações móveis de luxo. Elas exibem muitos adornos, especialmente muitos fios de contas brancas, de prata, de alpaca, alguns correntões de elos largos com relevos em prata, entre outros.

A indumentária segue a organização tradicional da baiana: camisa ou camizu, bata, saia muito rodada, pano de costa, turbante e chinelas de couro.

Essa indumentária tem muitas anáguas também, repletas de muita goma, e barras de renda. Há uma espécie de competição para exibir a mais rica e bordada indumentária. É uma ostentação de luxo com bordados e rendas.

As rendas e os bordados são os mais elaborados e complexos, e muitas dessas indumentárias têm valor patrimonial. São preservadas como bens familiares e assim transmitidas para outras gerações de baianas.

A baiana do Bonfim é ainda identificada pelo uso de um jarro que é pintado de branco e/ou com pinturas que têm a Igreja do Bonfim como tema; esse jarro, tradicionalmente portado sobre a cabeça, poderá ser "vestido" com uma pequena saia de tecido branco.

Sem dúvida, a baiana do Bonfim é um dos mais notáveis exemplos da construção afrodescendente de uma indumentária e de seus muitos significados estéticos e sociais.

FESTA DE LARGO

A BAIANA DEU SINAL
LÊ, LÊ, LÊ BAIANA [...].
Samba de roda tradicional da Bahia

Essas festas são organizadas nos espaços próximos às igrejas, às praças, aos adros ou largos, e daí o seu nome. Quase sempre são grandes áreas para receber as multidões que vão realizar suas devoções, passear, comer acarajé, marcar encontros, participar de uma festa popular.

O sentimento de devoção na festa de largo é amplo e diverso e está relacionado com as procissões, os pagamentos de promessas e demais rituais pessoais e coletivos. A festa de largo é uma festa para comer e dançar; e é uma maneira mais livre de viver o que é sagrado.

Barracas especialmente montadas para abrigar as cozinhas e os espaços para alimentação, em geral mesas coletivas e bancos, são ambientes adornados com jarros de barro e folhas de proteção: espada-de-são-jorge, peregum, são gonçalinho, entre outras. As barracas são famosas pelos seus cardápios de gosto popular e tradicional e pelas cozinheiras que migram dos seus restaurantes e das suas bancas dos mercados para montarem seus espaços do bem-comer à baiana.

Essas cozinheiras são especializadas em fazer e vender comidas, principalmente as comidas do Recôncavo à base de azeite de dendê e também as chamadas comidas de festa – sarapatel; feijão; feijoada bordada, que é rica em carnes fresca e seca, embutidos e salgados, partes selecionadas do porco; e bebidas, como cervejas e batidas de frutas.

Nessas barracas há um verdadeiro festival de receitas e de sabores que valorizam os temperos e as assinaturas culinárias das cozinheiras.

Próximas às barracas, estão dezenas de baianas de tabuleiro que oferecem acarajé, abará, passarinha, cocadas e outros doces, como o de tamarindo, além de bolos, lelê de milho e frutas da época.

As festas de largo também são identificadas por suas rodas de capoeira e pelo samba de roda tradicional do Recôncavo, cujo ritmo é marcado pela batida de palmas, o pandeiro e a viola. Ainda, nessas festas, há alguns parques de diversão populares.

DEVOÇÃO E CULTO A NOSSA SENHORA DA BOA MORTE NA CIDADE DE NOSSA SENHORA DO ROSÁRIO DO PORTO DA CACHOEIRA Originalmente na cidade do São Salvador, e a partir do século XIX na cidade de Cachoeira, a centenária Irmandade de Nossa Senhora da Boa Morte sobrevive de maneira peculiar, nutrindo-se de um passado faustoso projetado nas irmãs mais velhas, que ainda sustentam seus correntões banhados a ouro ou mesmo em prata.

A Igreja da Barroquinha, na cidade do São Salvador, conhecida como de devoção do povo de candomblé e, em especial, dos adeptos do jeje – tradição etnocultural fon-ewe –, cresceu e se tornou um reduto sincrético de afro-catolicismo.

Em Salvador, os festejos da Boa Morte aconteciam por vários dias, culminando em procissão solene, sempre acompanhada de foguetórios, rega-bofes, cantorias e sambas de roda, unindo dessa maneira os votos de alegria com os signos do sagrado.

A tradição portuguesa de Nossa Senhora d'Agosto, prática religiosa que não sobreviveu por completo no Brasil, atinge interpretação própria e peculiar nessas tradições da Irmandade de Nossa Senhora da Boa Morte.

Observada a Irmandade da Boa Morte numa leitura de origem mais remota, colocamos seus fundamentos na própria instituição da assunção de Nossa Senhora pela Igreja em 15 de agosto, a elevação ao céu em corpo e alma da Virgem Mãe. A tradição e a fé vêm do Oriente, sendo imediatamente adotadas no século VII em Roma. No século IX, a festa da assunção de Nossa Senhora encontra-se presente e é praticada em todo o mundo católico ocidental.

Assim, em nosso povo, com clima e espaço afrodescendente, as devoções católicas se ampliam num universo de acompanhamentos com marca processional, com cheiro de dendê e com muitas mulheres de torço, bata, saia e pano da costa.

Esse significativo culto a Nossa Senhora, sua morte e assunção em corpo e alma, atingiu também outras igrejas na capital baiana, como a da Saúde, de São Domingos, São Francisco, Sant'Ana, Nossa Senhora do Carmo e Santíssima Trindade.

Nessa popularização, o culto recebe subjetividade interpretativa, dando aos grupos promotores dos festejos caráter próprio. É quando desponta de maneira única a irmandade exclusivamente feminina dedicada a Nossa Senhora da Boa Morte.

Essa organização é muito fundamentada nos parentescos sócio-hierárquicos de uma complexa sociedade geral de terreiros, que mantêm entre si vínculos de ordem, ética e moral.

A participação restrita de mulheres e os cargos galgados no decorrer de uma participação intensa na irmandade dão ao grupo uma organização formal, voltando-se sempre ao rigor e à devoção a Nossa Senhora, patrona e santa que norteia o grupo e a vida de todas as irmãs.

Na realidade, indagamos até que ponto Iemanjá, Nanã ou Oxum não estariam aí integradas, participantes desse modo sincrético tão frequente, e bem à nossa maneira, de interpretar e crer nos santos.

No Brasil e, em especial, na cidade do São Salvador, relatos do século XIX situam a grande participação popular nas homenagens a Nossa Senhora, sua morte e assunção. As festas ocorriam ao sabor afro-baiano.

Os organizadores das festas eram os negros forros, as vendedeiras de tabuleiro e os demais grupos afrodescendentes que se empenhavam o ano todo para custear as festas e a suntuosidade dos dias de devoção. Assim, as devoções ocorriam numa mistura solene de santos, de velas, de incensos e de comidas à base de dendê no adro da igreja.

O que ocorre hoje, com a Irmandade de Nossa Senhora da Boa Morte em Cachoeira, é uma manifestação sociorreligiosa de um grupo de irmãs, conscientes dos seus preceitos e da obrigação de poder cuidar da Santinha, assim chamada com zelo e carinho pelas devotas.

PARTICIPAÇÃO FEMININA

Pertencer à Irmandade de Nossa Senhora da Boa Morte é mister que exige, de quem se habilite, primeiramente devoção à santa e arcar com as indumentárias, inclusive a de gala – beca ou baiana de beca –, que é envergada em duas procissões.

Geralmente mulheres da faixa etária entre 50 e 70 anos podem dedicar com maior força sua devoção como irmãs, num verdadeiro voto casto de religiosidade.

Todos os cargos que constituem a irmandade podem ser alcançados por qualquer irmã, havendo certa rotatividade de encargos.

A votação para a organização da comissão encarregada das festas é anual e de sete em sete anos é a própria Nossa Senhora quem assume a função de provedora.

A festa de posse acontece na terceira noite após a procissão da assunção de Nossa Senhora. Na reunião de escolha das novas irmãs que arcarão com a festa, é a presidente da Irmandade de Bom Jesus da Paciência quem organiza a solene sessão de votação.

As noviças, neófitas da Irmandade da Boa Morte, passam três anos em observação e são conhecidas como irmãs de bolsa. Durante esse período probatório, trabalham sob ordens das irmãs mais velhas, em rigorosa observação dos serviços dedicados a Nossa Senhora da Boa Morte. Galgado o *status* de irmã, cada uma poderá então ser escolhida ao primeiro cargo, escrivã; após cumprir tal tarefa, em outro ano, poderá ocupar o cargo de segunda tesoureira; e o terceiro cargo poderá ser de juíza ou provedora. Esse é o cargo mais significativo, pois é a provedora que detém o poder no grupo, assumindo a responsabilidade de organizar as festas com todo o rigor e a ortodoxia necessários ao culto de Nossa Senhora da Boa Morte.

As irmãs participam ativamente de todos os trabalhos, como na cozinha, preparando as ceias que são servidas após as procissões, e também arrecadando, em peditório, material necessário ao culto.

Todas as irmãs são chamadas e conhecidas como empregadas de Nossa Senhora.

A escolha do grupo responsável pelas festas poderá repetir-se, não havendo nenhum comprometimento por parte das irmãs pelo fato de terem sido as mesmas responsáveis pela festa do ano anterior.

A juíza ou provedora é caracterizada pelo uso de um bastão hierárquico, que porta com muita gala e dignidade. Aliás, é na dignidade de um porte majestoso e senhorial que essas irmãs sempre tiveram o respeito das outras irmandades e da comunidade em geral.

O poder, sua instituição e manutenção, acontece entre pequenos grupos que se relacionam por laços de parentesco consanguíneo ou simbólico no âmbito dos terreiros de candomblé, e dentro da sua complexa hierarquia sociorreligiosa.

Um verdadeiro código de honra é observado na relação de irmandades com irmandades.

Na cidade de Cachoeira, veem-se outras irmandades tradicionais, como Bom Jesus da Paciência, irmandade exclusivamente masculina que possui laços profundos com a Irmandade da Boa Morte, exclusivamente feminina.

A Irmandade de Bom Jesus da Paciência poderá atuar como responsável pela Irmandade da Boa Morte, caso as irmãs não possam mais arcar com os festejos. A Irmandade de Bom Jesus da Paciência também floresceu em Salvador e é um verdadeiro grupo ligado às irmandades dos homens de cor. Em especial, é conhecida como de homens pardos. Todas as procissões da cidade de Cachoeira indistintamente têm presença e participação assegurada dos irmãos da Paciência.

A Irmandade de Bom Jesus da Paciência atua apoiando qualquer manifestação religiosa da cidade de Cachoeira, aí compreendidas as práticas católicas, principalmente as procissões.

Nas procissões de Nossa Senhora do Rosário, Nossa Senhora da Ajuda, Nossa Senhora da Conceição, Nosso Senhor dos Passos, Senhor Morto, Sete Passos e Corpus Christi, é tradicional a presença das irmãs da Boa Morte, que portam seus trajes de gala. As irmãs da Boa Morte também recebem funeral com seus trajes de gala.

O CULTO

A rigidez da organização, em que cada irmã assume o compromisso de realizar a sua tarefa, confirma a devoção e o voto de fé em honra a Nossa Senhora.

Coletar dinheiro, apregoar o culto e sensibilizar a comunidade fazem parte das atribuições da irmandade.

Nesse mesmo complexo de fantástico sincretismo, nessa leitura de indivisível marca de santo e orixá, são estabelecidos os votos religiosos, assegurando a grande memória do grupo e de sua relação com as cidades de Cachoeira e de São Félix.

Com muito sigilo, muito tabu, as irmãs mantêm a unidade do grupo, que é verdadeiramente secreto nas suas funções religiosas.

De aparência exclusivamente católica, com missas, velório de Nossa Senhora na Igreja do Rosário e três procissões, que ocorrem nas ruas da cidade de Cachoeira, pulsam conscientemente prolongamentos marcados pela própria etnia das mulheres participantes, também aquelas que preservam e realizam seus rituais religiosos dedicados aos orixás.

O culto da Irmandade da Boa Morte, segundo é relatado pelas irmãs mais velhas, e mesmo segundo as informações existentes na pouquíssima literatura sobre o assunto, é caracterizado pela grandiosidade de suas comemorações e, em especial, pelas suntuosas indumentárias de gala usadas pelas irmãs. O ouro filigranado, os correntões de ouro ou de prata dourada, entre outras joias de crioula, fazem a identidade dessa tão tradicional festa.

Situar a Irmandade da Boa Morte é situar uma devoção doméstica, diária, que atinge a culminância pública no mês de agosto.

A cera de Nossa Senhora é um peditório geral, quando as irmãs arrecadam dinheiro para adquirir velas para iluminar a imagem da santa durante todo o ano. Quem organiza esse peditório é a provedora.

No mês seguinte, quem realiza esse mesmo trabalho é a tesoureira; depois, a escrivã; e, em seguida, a procuradora-geral. As encarregadas ou empregadas de Nossa Senhora também participam dessas obrigações, procurando garantir e lembrar sempre a devoção a Nossa Senhora da Boa Morte.

Trago como exemplo o calendário oficial de festejos de agosto de 1979, ano em que realizei a minha primeira etnografia sobre essa irmandade. ▶

PROGRAMA DA FESTA DE NOSSA SENHORA

DIA 5/8 – Domingo
16h – Eleição da nova comissão da festa para o ano de 1980.
Local: Casa de Nossa Senhora da Boa Morte na capela d'Ajuda.

DIA 11/8 – Sábado
6h – Alvorada – Foguetes.
Esmola geral.
As irmãs saem pelas ruas arrecadando donativos para a festa.

DIA 16/8 – Quinta-feira
19h30 – Confissão da irmandade na Igreja Matriz.

DIA 17/8 – Sexta-feira
19h – Missa em ação de graças pelas irmãs falecidas.
19h30 – Cortejo com Nossa Senhora da Boa Morte.
20h – Sentinela de Nossa Senhora da Boa Morte na Igreja Matriz.
Todos estarão vestidos de branco.
23h – Ceia na casa da irmandade, onde serão servidos peixe, licores e vinho.
Local: Largo d'Ajuda.

DIA 18/8 – Sábado
19h30 – Missa de corpo presente.
20h30 – Procissão de Nossa Senhora da Boa Morte, acompanhada das filarmônicas desta cidade e do povo em geral. A irmandade estará trajada a rigor.

DIA 19/8 – Domingo
10h – Missa solene da ressurreição com Nossa Senhora da Glória.
11h – Procissão de Nossa Senhora da Glória.
A irmandade, as filarmônicas e o povo em geral são convidados para o almoço na casa da irmandade.
Local: Largo d'Ajuda.
Após o almoço, tem início a parte profana e folclórica da festa, com muita comida e samba de roda nos dois dias seguintes:
1º dia: 19/8 (à noite) – Serão servidos: feijão, assado de porco, galinha, peru e outros. Samba de roda estendendo-se até 1 hora da manhã.
2º dia: 20/8 (à noite) – O famoso cozido. Samba de roda até 1 hora da manhã.
3º dia: 21/8 (à noite) – Caruru, bacalhau, mungunzá. Samba de roda com todas as irmãs trajadas de crioulas.

Provedora – Maria José Santos
Tesoureira – Maria da Glória dos Santos
Escrivã – Maria S. Pedro Ferreira
Procuradora-geral – Júlia Benta de Almeida
Vigário da Paróquia – Monsenhor Fernando de Almeida Carneiro

Evidentemente, uma longa programação, culminando com duas ceias oferecidas à comunidade. Os alimentos servidos têm cunho cerimonial; uma postura própria diante dos alimentos servidos cria rigor e compromisso ritual, tão complexo como o ajeum – oferecimento dos alimentos que serão servidos após as práticas públicas dos terreiros de candomblé.

Atualmente o culto da Boa Morte, como é conhecido em Cachoeira, tem solenidade garantida nas três procissões denominadas como Cortejo de Nossa Senhora da Boa Morte, Procissão de Nossa Senhora da Boa Morte e Procissão de Nossa Senhora da Glória. Após cada manifestação processional, na Casa de Nossa Senhora, local de reunião da irmandade, é servida uma ceia. Em cada noite, um cardápio especial é oferecido, seguindo a tradição de oferecer às sextas-feiras comida branca, segundo a tradição dedicada a Oxalá, orixá da fertilidade. Hoje o que acontece como rega-bofe muito se distancia do que era oferecido nos grandes encontros da irmandade.

A primeira ceia, caracterizada como Ceia Branca, é a de sexta-feira. As irmãs trajam roupas brancas, indumentária de baiana, com bata, torço, pano da costa, saia, chinelas, tudo branco. Na casa da irmandade, cada empregada de Nossa Senhora traz seu alimento, consistindo predominantemente de peixe, arroz e pão. O peixe é preparado com coco; ainda observamos saladas e pipoca – doboru.

A provedora dá início à ceia, quando cuidadosamente arruma os alimentos na mesa, ajudada pela comissão responsável pelas comemorações, e as demais irmãs aguardam solenemente o início da alimentação.

Tudo pronto, e os doborus são jogados no espaço da sala, e sobre todos os presentes. Também são distribuídos doborus como alimento, e após esse ritual dá-se início à ceia.

O rigor cerimonial continua, após a marca do Omolu pelo uso dos doborus, purificando o local da ceia e todos os adeptos e o público em geral. Os alimentos, um pouco de cada, e um pedaço de pão, são ordenados nos pratos e distribuídos sem nenhuma sequência hierárquica ou religiosa.

Após a alimentação do público, as irmãs têm acesso à ceia. É importante observar a chegada dos alimentos da primeira ceia, cobertos com pequenas toalhas brancas. Assim, são conduzidos para a mesa, e, na chegada de cada novo alimento, as irmãs o saúdam com muita cerimônia e preceito. É a provedora que descobre cada prato e agradece citando o nome da irmã que ofereceu a comida.

No segundo dia de procissão, à noite, não há ceia, somente o solene desfile das irmãs que trajam suas indumentárias de gala para percorrer as ruas da cidade de Cachoeira. Todas usam a beca, mas sem as joias de crioula, e o bioco – tipo de lenço branco que é colocado na cabeça como o chadó mulçumano; portam também os tocheiros com as velas acesas. E, assim, realiza-se o segundo grande momento da devoção.

No terceiro dia, a procissão é matinal, logo após a missa da assunção de Nossa Senhora. As irmãs usam a beca e exibem todas as suas joias de crioula e seus fios de contas.

Os oferecimentos públicos de comida continuam em outras noites, quando também há o samba de roda, que vem completar as alegrias dos festejos. Cozido e caruru são alguns dos pratos servidos nas noites que se seguem com a descontração do samba.

Durante o samba, as irmãs usam seus trajes de crioula, panos da costa listrados e chinelas – *changrin* –, além dos fios de contas e de algumas joias de crioula.

A BAIANA DE BECA

Essa irmandade, exclusivamente feminina, fundamenta suas indumentárias na morfologia tradicional do traje da baiana, de grande força e sentido muçulmano, não só pelo uso do turbante, mas também pelas pequenas chinelas, que anteriormente possuíam a ponta virada, recebendo ainda alguns bordados.

O preparo das roupas com capricho e afinco caracteriza um amplo e detalhado culto, que acontece nos rigores em portar as saias, os turbantes e os panos da costa. Na realidade, são três indumentárias.

A primeira indumentária de baiana toda branca é composta de: camizu em *richelieu* – bata bem larga em tecido fino e trabalhado, saias bem armadas, chinelas em couro branco, oujá de cabeça engomado com detalhes em *richelieu*, muitos fios de contas e pano da costa também bordado. Esse primeiro traje é usado no cortejo de Nossa Senhora, na sexta-feira. Em seguida, com essa mesma roupa, as irmãs participam da primeira ceia, a Ceia Branca.

A segunda indumentária é a beca ou baiana de beca, hoje característica da Irmandade de Nossa Senhora da Boa Morte. Essa indumentária de gala tem muitos significados, e cada detalhamento estilístico tem uma representação simbólica. Ela é marcada pelas cores preta, branca e vermelha, e o seu luxo é destacado pelo uso das joias de crioula. Baiana de beca, baiana de beca preta, baiana de gala e baiana da Boa Morte são algumas designações referentes a esse traje característico da irmandade.

A beca é assim organizada: saia de seda ou cetim preto, plissada com barrado roxo internamente, sem levar armação; na cintura, três lencinhos brancos com bico trabalhado em *richelieu*; camizu, camisa de rapariga ou camisa de crioula toda feita em *richelieu*, engomada e branca, e, sobre o camizu, a blusa. Essa blusa tem abotoamento de ouro. O bioco é um lenço branco, triangular, bem trabalhado com bico, que é portado na cintura, dobrado para as costas, e também é usado na cabeça, substituindo o turbante na realização da procissão de sábado, de Nossa Senhora da Boa Morte. O bioco funciona como uma espécie de pequena mantilha, portada na cabeça; nessa ocasião, as irmãs não usam adereços nem joias em ouro, somente alguns fios de contas dos santos patronos. O pano da costa é também característico, sendo preto, de veludo, de astracã ou de outro tecido encorpado, forrado com cetim vermelho e usado como o alacá. O turbante do traje de gala é um oujá branco barrado de *richelieu*. A maneira de utilizá-lo é totalmente peculiar: o turbante é preso à cabeça e arrematado em forma de bola na nuca, o que faz lembrar mais um penteado do que um turbante propriamente dito. Merecem relevo o *changrin* – chinela de couro branco muitas vezes estampada em dourado, com a ponta virada à mourisca – e as joias de crioula – bolas encadeadas, correntões trabalhados, trancelins com muitas voltas, peças em filigrana, arco de cintura com amuletos (do século XIX), braceletes, punhos, anéis e brincos de ouro.

A partir dos anos 1970, apenas algumas das joias de crioula permaneceram em uso com as irmãs, algumas peças em prata dourada, em prata, fios de contas. Houve um crescente aparecimento de bijuterias prateadas e douradas, numa busca pela relação estética com as antigas joias de crioula.

A terceira indumentária é a tradicional baiana, chamada de indumentária de crioula. É usada nos sambas de roda que acontecem logo após as festas da assunção de Nossa Senhora. É composta por saia rodada estampada de várias cores e barrada com fios, fitas e rendas de bico; bata bem larga, branca ou colorida; camizu em *richelieu* bem engomado e branco; pano da costa com listas coloridas, ou outros padrões; turbante branco ou colorido; chinelas de couro; fios de contas; e algumas joias de crioula.

Na realidade, as indumentárias portadas pelas irmãs da Boa Morte evidenciam os cuidados e o rigor ritual. Essas irmãs não deixam de tratar com carinho suas roupas, que servem para lembrar e cultuar a santa da devoção. O traje é tão importante que, ao morrer, a irmã leva uma roupa completa de gala; é a marca inegável do signo da fé, com os valores socioculturais desse grupo, tão ao sabor de nossa leitura afro-católica.

FOTOGRAFIAS DE PIERRE FATUMBI VERGER

SÉRIE BAIANAS DE TABULEIRO

Baiana, baiana de tabuleiro, baiana de acarajé em postura social característica e tradicional, sentada próxima à caixa – tipo de vitrine feita de madeira e vidro utilizada para mostrar as comidas. Na foto, vê-se um prato com bolinhos de estudante. No conjunto da venda ou da quitanda, encontra-se uma cesta com alça que é utilizada para transportar a comida, as louças e os demais objetos necessários para o desempenho do ofício. A baiana usa uma indumentária assim descrita: bata de tecido sobre camisa, ou camizu; pano da costa colocado sobre um ombro, que simboliza função social pública; a saia é rodada e arrematada na barra com babadinhos e fitas de cetim, complemento tradicional na formação da indumentária de crioula ou de baiana. ▶

Baiana em sua venda de frutas da época, umbu, além de acarajé, abará e/ou acaçá, tigela com molho e provavelmente molho de pimenta – molho Nagô –, complemento da cozinha tradicional usado para acompanhar acarajé e abará. Tudo sobre uma peneira circular que serve de base e é apoiada em peça de madeira dobrável, que, aliás, é comum também para sustentar o tabuleiro de madeira. A baiana usa uma indumentária formada de turbante de cabeça, tipo "sem orelha", camisa, ou camizu, e saia rodada estampada. Realiza uma venda ou uma quitanda. ▶

Baiana realizando a venda de produtos variados, um tipo de cardápio que sugere o cumprimento de uma obrigação religiosa. Isto é, dentro do processo iniciático do candomblé da Bahia, muitas vezes ocorre a venda pública, como acontece com as baianas de acarajé; assim, esse tabuleiro é organizado com amendoim, mangaba e cocada. A baiana usa uma indumentária tradicional formada por um turbante do tipo rodilha, que circunda a cabeça; destaque para a camisa, ou camizu, com bordado em crivo – tipo de renda de agulha muito usual na roupa de baiana – e para as braçadeiras feitas de trançados de palha da costa e com aplicação de búzios, o que reforça o seu trabalho ritual e iniciático da venda de comida em tabuleiro. Notar, ao fundo, uma mulher com roupa de crioula portando um longo xale, que cumpre a função social do pano da costa. ▶

Baiana realizando venda. Notar o tabuleiro de bordas dentadas, as panelas com vatapá e o molho Nagô para acompanhar o acarajé e o abará. Próximo ao tabuleiro há um cesto e uma grande panela de barro usada para guardar as comidas. A baiana usa camisa, ou camizu, em *richelieu*, saia rodada e turbante de rodilha. O detalhe é o pano da costa listrado na cintura. Destaque para o colar de bolas confeitadas, provavelmente feito de ouro ou prata; também há fios de contas e brincos de aro. Esta baiana de tabuleiro está na festa de Bom Jesus dos Navegantes (Salvador, Bahia). ▶

Baiana vendendo acarajé. Notar uma caixa de madeira, que serve como tabuleiro, forrada com papel para receber os acarajés após a fritura. Vê-se ao lado o fogareiro a carvão e uma ampla frigideira para frigir os acarajés. Próximo há uma bolsa do tipo moco e um abano de trançado de fibras. A baiana está usando uma camisa estampada e saia convencional. Destaque para o amplo chapéu de palha. Notar ainda que, nas festas populares e tradicionais da Bahia, chamadas de festas de largo, é usual o chapéu de palha, pois essas festas acontecem em pleno verão tropical. ▶

Baiana preparando a massa de feijão-fradinho, sal e cebola, dando início à feitura do acarajé. A indumentária é formada por: camisa, ou camizu, em *richelieu*; fios de contas; pulseiras em latão do tipo *idé* (aros); pano da costa na cintura; e saia rodada estampada. Notar no tabuleiro uma panela provavelmente com molho Nagô, complemento do acarajé e do abará. ▶

SÉRIE INDUMENTÁRIAS DE BAIANAS

A indumentária tradicional que fundamenta o tipo baiana ou crioula, ou, ainda, o estar de saia, significa usar saia longa, bata ou camizu, chinelos, torço e pano da costa. Destaque para o uso social e hierárquico do pano da costa, pano listrado feito em tear de maneira artesanal, ou um tecido industrial que mantenha a proximidade estética com os panos tradicionais. A mulher usa também um fio de elos em metal e um fio de contas. Destaque para os brincos do tipo pitanga. O turbante é sem orelha, organizado com base em uma longa tira de tecido chamada de *ojá*, neste caso, em cetim. ▶

Detalhe dos fios de contas, cujos objetos devocionais e simbólicos pendem para as costas. Vê-se um fio de palha da costa trançado com aplicações de búzios, chamado mocã, e outros fios de miçangas de outros materiais. Notar uma figa artesanal feita de chifre de gado bovino. A camisa, ou camizu, de algodão é detalhada com bico de renda. O turbante em tecido listrado lembra o tradicional pano da costa ou pano de *alaka*. ▶

Detalhe de indumentárias de baiana. A indumentária da esquerda mostra uma camisa, ou camizu, feita de crivo – renda de agulha – e um conjunto variado de fios de contas, onde se veem fios de miçangas e de contas em diferentes tamanhos e um correntão de elos encadeados em metal. Destaque para a pulseira com balangandãs. Ambas as indumentárias têm o turbante sem orelha, do tipo rodilha. ▶

Duas indumentárias tradicionais repletas de significados, pelos materiais e seus usos na composição simbólica da baiana. A da esquerda porta um pano da costa africano conhecido como pano de *alaka* – tecido confeccionado de maneira artesanal em tear horizontal. A indumentária apresenta camisa ou camizu com renda de entremeio, muitos fios de contas, pulseiras em aros de metal do tipo *idé*, pulseiras de contas e saia rodada. A mulher da direita porta uma camisa ou camizu em bordado inglês; pano da costa, provavelmente africano; fios de contas; brincos do tipo pitanga; pulseiras em aro de metal e de contas; e saia rodada. Ambas mostram o turbante sem orelha, em tecido provavelmente africano. ▶

No conjunto, destaque para duas indumentárias que mostram a condição social feminina de "estar de saia". A mulher da esquerda usa uma ampla saia detalhada por uma longa tira de tecido chamada rojão, geralmente um tipo de apoio para serviços, e para facilitar a caminhada em público. Vê-se uma camisa, ou camizu, de algodão, fios de contas, e o uso do pano da costa lembra o uso ibérico do xale. Várias pulseiras e, em destaque, uma confeccionada em búzios, e brincos do tipo pitanga. A mulher da direita mostra uma indumentária similar, com os mesmos significados sociais. ▶

No conjunto, destaque para a mulher que usa o xale tradicional, provavelmente ibérico, detalhado com longas franjas. Na cabeça, um turbante organizado com base em um pano de formato triangular, arrematado na frente, como se faz com os lenços das mulheres no Magrebe e na península Ibérica. Destaque para o brinco do tipo pitanga, provavelmente feito de ouro com pedra semipreciosa. ▶

Um amplo conjunto de cenas sociais que mostra uma feira tradicional e popular, onde se veem diferentes ofícios. Duas mulheres preparam goma de tapioca; outra mulher, com um latão, engarrafa azeite de dendê; e duas noviças *iaôs* do candomblé cumprem uma obrigação pública, que geralmente acontece no mês de agosto e se chama sabege. A noviça da esquerda, com roupa de baiana, usa um pano da costa colocado na altura do colo, o que indica significado social religioso; na cabeça, porta um cesto coberto por um tecido feito de crivo, e esse cesto contém doborus – pipocas –, que são trocados por quantias voluntárias. O dinheiro arrecadado será usado nas festas religiosas. A outra noviça usa indumentária similar. Destaque para a camisa, ou camizu, em crivo, e na cabeça um tabuleiro que leva objetos sagrados do orixá Omolu. Assim, as noviças cumprem devoção e obrigação religiosa. Esta cena registra a antiga feira de Água de Meninos. ▶

SÉRIE FESTA DO BONFIM

Baiana do Bonfim é um tipo consagrado baseado na indumentária da baiana tradicional, marcado pela cor branca em todos os elementos de sua indumentária. Essa indumentária identifica o ritual público da lavagem. Também identifica o processo do sincretismo afro-católico entre Nosso Senhor do Bonfim e o orixá Oxalá, da civilização iorubá. Identifica ainda a baiana do Bonfim o uso de peças em tecidos bordados, como o *richelieu*, a renda de agulha como o crivo e a renda de bilros. Em geral, esses tecidos são engomados. Ainda compõe a indumentária a quarta, utensílio de barro que contém água e flores para realizar o ritual da lavagem, também conhecido como "lavar a igreja" e "lavar o Bonfim". ▶

Cena no adro da igreja de Nosso Senhor do Bonfim, na Festa da Lavagem. Destaque para a baiana do Bonfim que exibe um magnífico pano da costa de tecido branco bordado em *richelieu*, um verdadeiro exemplo da permanência do barroco na cultura popular, tradicional e contemporânea. Essa indumentária é complementada com saia rodada, turbante e chinelos feitos de couro do tipo *changrin*. ▶

Indumentária de baiana que identifica provavelmente uma noviça, ou iaô, que está totalmente protegida por um grande pano da costa de tecido branco detalhado em *richelieu*. Destaque para o tipo de turbante que confirma a condição de recém-iniciada, conforme os preceitos religiosos do candomblé da Bahia. Estar de branco para visitar a Igreja de Nosso Senhor do Bonfim constitui-se numa tradição que é mantida e que ocorre logo após as festas da iniciação religiosa nos terreiros. Para o povo da Bahia, há o costume de homens, mulheres e crianças usarem a roupa branca nas sextas-feiras, dia da semana que é consagrado ao Nosso Senhor do Bonfim e ao orixá Oxalá. ▶

Baianas do Bonfim que se encaminham para a porta de entrada da Igreja de Nosso Senhor do Bonfim no dia da Festa da Lavagem. Na baiana da esquerda, notar o camizu, barrocamente bordado em *richelieu*; na baiana da direita, um pano da costa também bordado em *richelieu*, e que, engomado, ganha destaque na indumentária. As duas baianas portam jarros de barro contendo água e flores, para assim cumprirem a "obrigação da lavagem". Os jarros estão apoiados em rodilhas de pano que são colocadas sobre os turbantes. Ressaltar que as roupas são totalmente brancas e cuidadosamente preparadas no alvejamento e no emprego da goma para destacarem a alvura dos tecidos. Vê-se ainda um homem batendo nas anáguas, peças internas que são as mais engomadas e, por isso, necessitam desse ajustamento para facilitar o caminhar. ▶

Conjunto de baianas do Bonfim durante a Festa da Lavagem. A baiana da esquerda, que porta um ramo de flores brancas, usa pulseiras de placa, joias tradicionais reconhecidas como joias de crioula. Ao lado, vê-se uma baiana portando correntões de elos e uma figa encastoada, provavelmente de coral, vestindo camizu de renda e uma braçadeira de metal prateado. A baiana que está de frente mostra vários correntões de elo duplo, provavelmente de prata, com indumentária totalmente branca, organizada com rendas e bordados. Destaque para o *richelieu*. ▶

Conjunto de baianas do Bonfim portando quartas – jarros de barro – que contêm água, perfume e flores. A baiana da esquerda exibe pulseiras em aro de metal – *idés* – e pulseiras de contas. A baiana ao centro exibe correntões de elos de diferentes tipos, provavelmente de prata, pulseiras de "bolotas" e bata com rendendê – técnica artesanal de bordado e recortes similar ao *richelieu*. A baiana da direita exibe braçadeira e punho, tipo copo, feitos de metal prateado, além de fios de contas e correntões de elos, provavelmente de prata. ▶

Conjunto de baianas do Bonfim com indumentárias brancas e portando as quartas com água e flores para o ritual da lavagem do Bonfim. Destaque para as baianas ao centro. A baiana da esquerda exibe saia rodada feita de renda renascença, tipo de renda de agulha; também usa muitos fios de contas, correntões, provavelmente de prata, diferentes tipos de pulseiras, algumas de ouro, e ainda braçadeiras feitas de palha da costa trançada com aplicações de búzios. A baiana da direita, uma criança, está usando uma indumentária tradicional da Festa do Bonfim. Ela porta fios de contas brancas, pano da costa em *richelieu* e pulseiras de contas variadas e de palha da costa trançada com búzios. ▶

Baianas do Bonfim. Destaque para a figura central, que exibe um pano da costa em *richelieu*, camizu feito em rendendê e bico com renda de bilro, fios de contas, brincos do tipo pitanga, variadas pulseiras e um turbante do tipo triangular, estilo lenço. Porta, ainda, uma quarta com flores e água. ▶

**SÉRIE IRMANDADE DE NOSSA SENHORA
DA BOA MORTE – CACHOEIRA**

Irmãs da Irmandade de Nossa Senhora da Boa Morte que usam a indumentária chamada beca ou baiana de beca. Essa indumentária é formada por: camisa, ou camizu, de crioula com abotoamento na manga, geralmente com botões feitos de ouro; saia plissada de seda ou cetim preto, quase sempre barrada internamente pelo mesmo tecido na cor roxa; e pano da costa de astracã ou de veludo preto, forrado com cetim vermelho. Destaca-se nessa indumentária o uso de muitas joias, joias de crioula, produzidas em prata dourada e ouro, por exemplo, os correntões em elos, as pulseiras de bolotas e de bolas confeitadas e os brincos de vários tipos. Observar o tipo de turbante, que é peculiar e integra a beca. Esse turbante é organizado com uma tira de tecido de algodão branco – *ojá*. Ele cobre totalmente a cabeça e é arrematado na nuca em forma de bola, provavelmente uma lembrança dos penteados das mulheres da classe dominante, as mulheres brancas. As irmãs portam nas mãos os tocheiros feitos de madeira e flandres, e uma delas usa um tipo de cajado ritual feito de madeira, que identifica a juíza da festa. ▶

Irmãs da Irmandade de Nossa Senhora da Boa Morte que usam a beca e as joias de crioula. Todas portam os tocheiros, o que indica a procissão da Glória de Nossa Senhora. Notar nessa cena a igreja de Nossa Senhora do Rosário do Porto da Cachoeira, local onde se realizavam os principais rituais das festas da Boa Morte que culminavam com a referida procissão. Assim, pode-se dizer que as festas públicas foram concluídas, e o "arremate" da festa, uma celebração particular das irmãs, inclui um samba de roda e uma refeição comunal. ▶

Entre as muitas cerimônias que fazem a devoção a Nossa Senhora da Boa Morte está a da adoração a Nossa Senhora. Esse ritual precede a procissão da Glória, festa pública que encerra o ciclo religioso da irmandade. Vale destacar o momento do beija-pé da Santa, ritual realizado por uma irmã que não usa beca, identificada pelo uso do pano da costa de astracã preto, que é um dos distintivos da indumentária peculiar dessa irmandade. ▶

Nessa baiana se vê o esplendor barroco da joalheria de crioula, joias de base ibérica que integram e identificam a tradicional beca ou baiana de beca, indumentária de festa. Notar o uso da camisa, ou camizu, de *richelieu*, do pano da costa de astracã e do turbante, que é diferente do tipo cachoeirano. Destaque especial para os brincos do tipo à príncipe, que fazem parte da milenar joalheria ibérica. Notar também os correntões de aros ou elos duplos com relevo e outros tipos de correntes, assim como o colar de bolotas lisas e as pulseiras de bolotas e de placa. Provavelmente todas as joias são feitas de prata dourada. ▶

Indumentária tradicional de baiana ou de crioula, que nesse caso é uma indumentária de festa. A indumentária é organizada com camisa ou camizu com bordado inglês; bata de cetim com renda de bilro; saia rodada estampada; pano da costa listrado que segue o padrão do *alaka* africano; e joias de crioula, entre as quais se destacam as correntes de diferentes tipos, a cruz-palmito, a placa de filigrana, os brincos de aro com miolo de coral, as pulseiras de bolotas com relevo e canutilhos de coral. Todas essas joias são provavelmente feitas de prata dourada. Essa indumentária é um exemplo para o imaginário afrodescendente do bem-vestir da baiana. ▶

Samba de roda. Momento de celebração particular das irmãs da Boa Morte. É um samba feito para as irmãs, em cujas coreografias se realiza a semba – umbigada. É um tipo de chamada para ir à roda sambar, brincar, pois no Recôncavo da Bahia é onde se faz o mais tradicional samba de roda. As indumentárias são de baiana, com elementos do cotidiano, ou seja: turbante, bata e saia rodada. Contudo, destacam-se o turbante à cachoeirana e as joias de crioula. ▶

Aspecto do samba de roda das irmãs da Boa Morte, em que se destaca uma baiana que toca pandeiro. A base musical do samba é ainda composta por violas e batidas de palmas, que formam assim a base rítmica dos passos das umbigadas. O samba de roda do Recôncavo da Bahia é reconhecido como Patrimônio Cultural Imaterial da Humanidade, titulação da Unesco. ▶

Aspecto do samba de roda em que se veem as participações das irmãs que fazem a base rítmica com batidas de palmas e percussão com tacos de madeira. As indumentárias seguem a orientação tradicional da roupa de baiana. Destaque para o *changrin* – tipo de chinelo de couro – que integra a beca ou baiana de beca. ▶

Conjunto de três indumentárias de baiana que afirmam o lugar social da mulher no Recôncavo da Bahia, reconhecido pelo distintivo de "estar de saia", ou seja, vestir bata, torço e saia. As baianas da esquerda e ao centro usam a indumentária tradicional e joias de crioula. A terceira baiana, à direita, está de beca ou baiana de beca, indumentária que identifica a Irmandade de Nossa Senhora da Boa Morte na cidade da Cachoeira. ▶

BIBLIOGRAFIA

A DICTIONARY OF THE YORUBA LANGUAGE. Ibadan: Oxford University Press, 1980.

AGUESSY, Honorat. "Visões e percepções tradicionais". Em *Introdução à cultura africana*. Lisboa: Edições 70, 1977.

BASTIDE, Roger. *O candomblé da Bahia*. São Paulo: Nacional, 1961.

CARLITO, Carlos Pereira dos Santos. *Samba de roda*. Folder. Brasília: Iphan, 2008.

CARNEIRO, Edison. *Religiões negras*. Rio de Janeiro: Civilização Brasileira, 1936.

CASCUDO, Luís da Câmara. *Made in África*. Rio de Janeiro: Civilização Brasileira, 1965.

CASTRO, Yeda Pessoa. "Língua e nação de candomblé". Em *África*, 4, São Paulo, Centro de Estudos Africanos da USP, 1981.

CHOURLANDER, Harold. *Tales of Yoruba Gods or Heroes*. Nova York: Crown Publishers, 1973.

FAGG, William. *El arte del África Ocidental*. Cidade do México: Editorial Hermes, 1967.

_____. *The Living Arts of Nigeria*. Nova York: Studio Vista, 1976.

FERRETI, Sérgio Figueiredo. *Querebetam de Zomadunu: etnografia da Casa das Minas*. São Luis: UFMA, 1985.

FREYRE, Gilberto. *Aventura e rotina: sugestões de uma viagem à procura das constantes portuguesas de caráter e ação*. Rio de Janeiro: Fundaj, 1980.

GELIS, Jaques. *O corpo, a Igreja e o sagrado. História do Corpo*. Petrópolis: Vozes, 2008.

HOLY, Ladislau. *La plástica africana*. Cidade do México: Fondo de Cultura Económica, 1967.

JOÃO DO RIO. *As religiões do Rio*. Rio de Janeiro: Garnier, 1906.

LAWAL, Babatunde. "Yoruba-Sango Ram Symbolism: From Ancient Sahara ou Dynastic Egypt?" Em MCCALL, Daniel & BAY, Edna (orgs.). *African Images: Essay in African Iconology*. Boston University Papers on Africa, vol. 6. Nova York: African, 1975.

LELOUP, Jean-Yves. *O corpo e seus símbolos: uma antropologia essencial*. 8ª ed. Petrópolis: Vozes, 1998.

LODY, Raul. *Afoxé*. Rio de Janeiro: CDFB, 1976.

_____. *A roupa de baiana*. Salvador: Memorial das Baianas, 2003.

_____. *Ao som do adjá*. Salvador: Prefeitura Municipal de Salvador, 1975.

_____. "Arquitetura, religião e trópico". Comunicação apresentada no I Congresso Brasileiro de Tropicologia. Recife, dezembro de 1986. Não publicado.

_____. *Artesanato religioso afro-brasileiro*. Rio de Janeiro: Ibam, 1980.

_____. *Atlas afro-brasileiro. Cultura Popular*. Salvador: Edições Maianga, 2006.

_____. *Candomblé, religião e resistência cultural*. São Paulo: Ática, 1987.

_____. *Coleção arte africana*. Rio de Janeiro: Museu Nacional de Belas Artes, 1983.

_____. *Devoção e culto a Nossa Senhora da Boa Morte*. Rio de Janeiro: Altiva Arte e Editora, 1981.

_____. *Dicionário de arte sacra & técnicas afro-brasileiras*. Rio de Janeiro: Pallas Editora, 2006.

_____. *Joias de axé. Fios de contas e outros adornos do corpo: a joalheria afro-brasileira*. Rio de Janeiro: Bertrand Brasil, 2001.

_____. *Maracatu Leão Coroado*. Recife: Prefeitura da Cidade do Recife/Fundação da Cidade do Recife, 1989.

_____. *O atabaque no candomblé da Bahia*. Rio de Janeiro: Funarte, 1989. Série Instrumentos Musicais Afro-Brasileiros.

_____. *O negro no museu brasileiro: construindo identidades*. Rio de Janeiro: Bertrand Brasil, 2005.

_____. *O povo do santo: religião, história e cultura dos orixás, inquices e caboclos*. São Paulo: WMF Martins Fontes, 2006.

_____. *Palavras de Axé. Memórias e pertencimento no nagô do Recife*. Recife: Banco Real, 2008.

_____. "Panela de Iemanjá". Em *Patrimônio Cultural de Pernambuco*, ano IV, Recife, Fundarpe, ago. 1986.

_____. *Pencas e balangandãs da Bahia: um estudo etnográfico das jóias amuletos*. Rio de Janeiro: Funarte/INF, 1989.

_____. *Samba de caboclo*. Rio de Janeiro: CDFB, 1978.

_____. *Santo também come*. Recife/Rio de Janeiro: IJNPS/Artenova, 1979.

MANSON, John. *Orin Òrìsà: Songs for Selected Heads*. Nova York: Yoruba Theological Archministry, 1992.

MARTI, Palau. *Le roi-dieu ao Benin*. Paris: Editions Berger-Levrault, 1964.

MAZZOLENI, Gilberto. *O planeta cultura para uma antropologia histórica*. São Paulo: Edusp, 1990.

MORAES, Mello Filho. *Festas e tradições populares do Brasil*. Rio de Janeiro: H. Garnier, 1901.

OJO, G. J. Afolab. *Yoruba Culture: a Geographical Analyses*. Londres: University of London Press, 1966.

PEIXOTO, Afrânio. *Breviário da Bahia*. Rio de Janeiro: Agir, 1945.

PRICE, Christine. *Made in West Africa*. Londres: Studio Vista, 1976.

_____. *The Art of West African Kingdoms*. Washington: National of African Art, Smithsonian Institution Press, 1987.

QUERINO, Manuel. *Costumes africanos no Brasil*. Rio de Janeiro: Civilização Brasileira, 1938.

REDINHA, José. *Instrumentos musicais de Angola: sua construção e descrição. Notas históricas e etno-sociológicas da música angolana*. Coimbra: Instituto de Antropologia, 1987.

RIBEIRO, Maria de Lourdes Borges. "O jongo". Em *Revista do Arquivo Municipal*, CLXXIII, separata, São Paulo, Prefeitura Municipal de São Paulo, 1960.

RODRIGUES, Nina. *Os africanos no Brasil*. São Paulo: Nacional, 1945.

SANTOS, Juana Elbein. *Os nagôs e a morte*. Petrópolis: Vozes, 1976.

SILVA, Marilene Rosa Nogueira. *Negro de rua*. São Paulo: Hucitec, 1988.

VALLADARES, José. *O torço da baiana*. Salvador: K. Paulo Hebeisen, 1952.

VIANNA, Hildegardes. *A Bahia já foi assim*. Salvador: Itapuã, 1973.

WELCH, David Baillie. *Aspects of Vocal Performance in Sango: Praise Poetry and Song*. Dissertação de PhD. Evanston: Northwerstern University, 1972.

PIERRE EDOUARD LÉOPOLD VERGER (1902-1996) foi um fotógrafo, antropólogo e pesquisador francês que viajou pelo mundo conhecendo inúmeras civilizações, povos e culturas do Ocidente e do Oriente.

Sua ampla obra fotográfica revela um olhar sensível e documental para o homem e sua cultura. São mais de 64 mil fotografias, tiradas entre 1932 e o fim da década de 1970.

Merecem destaque as coleções fotográficas sobre o continente africano e, em especial, sobre as culturas iorubá e fon-ewe e suas relações com a Bahia. Assim, ele estabelece um rico diálogo entre a África ocidental, o golfo do Benim e o Recôncavo da Bahia, especialmente com a cidade do São Salvador.

O mergulho de Verger no continente africano foi profundo e, em 1953, ele foi consagrado babalaô, recebendo o nome Fatumbi – nascido de novo graças ao Ifá. A partir daí, passou a assinar Pierre Fatumbi Verger.

Em 1946, Verger passou a morar no bairro da Vila América, em Salvador, lugar onde, em 1988, criou a Fundação Pierre Verger.

A Fundação tem a missão de preservar, organizar, pesquisar e divulgar a obra de Verger, que é humanista e integrada à vida brasileira.

RAUL LODY, antropólogo e museólogo. Especialista em arte africana – Instituto Fundamental da África Negra (Dakar, Senegal). Estagiou no Museu de Etnologia de Portugal e no Laboratório Etnológico da Universidade de Coimbra.

É membro do Instituto Geográfico e Histórico da Bahia; do Instituto Histórico e Geográfico de Alagoas; e do Instituto Arqueológico, Histórico e Geográfico Pernambucano. É curador da Fundação Gilberto Freyre (Recife); da Fundação Pierre Verger (Salvador); do Instituto de Arte e Cultura do Ceará – Dragão do Mar (Fortaleza); e do Instituto Carybé (Salvador). Destaque para alguns projetos na Bahia: realiza os estudos das coleções africanas e afro-brasileiras do Instituto Geográfico e Histórico da Bahia (1985); das Coleções africanas do Museu Afro-Brasileiro da UFBA (1986); da Coleção de Pencas de Balangandãs do Museu Carlos Costa Pinto (1988). Participou da conceituação do Ilê Ohun Lai-Lai, Museu (1988); e da Casa do Alaká (2001), no Ilê Axé Opô Afonjá. Instalou o Memorial da Irmandade da Boa Morte (2001), Cachoeira, e publicou o livro *Devoção e culto a Nossa Senhora da Boa Morte* (1980). Realizou, durante dezoito anos, a catalogação e a documentação das mais importantes cole-

ções de arte africana e afrodescendente no Brasil, com mais de 4 mil objetos estudados, entre eles: o Xangô Pernambucano do Museu do Estado (Pernambuco); a Coleção de Arte Africana do Museu Nacional de Belas Artes (Rio de Janeiro); a Coleção de Arte Africana do Museu Goeldi (Pará); além de publicar dezoito livros referentes às coleções. Destaque ainda para o livro *O negro no museu brasileiro*, edição Bertrand Brasil (2005).

Este livro foi composto com as fontes Meta, impresso em papel couche fosco 150 g/m² no miolo e capa dura, nas oficinas da Finaliza Indústria Gráfica Ltda., em outubro de 2015.